一愿乱世逢知己，二愿常闻刀剑弦声，
三愿天日力横江渡，四愿情卿随之咏，
五愿周郎守霸业，六愿销骨为东风。

冯潮

LUOHUA
FENGZHIJI

落花逢知己

冯潮 编著

长江出版社 漫娱图书

THE BOY BAND

"相忆今如此，相思深不深。"

HANSHAN

寒山苍翠

To Be Continued……

THE BO

玄亮

XUAN LIANG

"山中卧龙，君当求之。"

SHEN XIAN ZU HE DA SHANG

目录

前言
- 知己属性测试 — 008

一 诗词相和
- 仙圣游 — 016
- 我寄人间雪满头 — 028
- 寻旧约 — 038
- 绝密信件档案 — 048

二 琴音和鸣
- 风萧离歌 — 064
- 独坐幽篁 — 074
- 高山流水觅知音 — 086

三 执手江山

- 客星犯帝
- 玄亮采访栏目
- 那些年，只有同党才懂的梗

096　108　120

四 一生为敌

- 君有戏言
- 小丕的观察日记
- 匈奴未灭，无以家为

126　136　150

五 生死与共

- 赵之双璧
- 臣，九死不悔
- 孙策的愿望清单

162　174　186

01

北宋著名文豪兼美食家苏轼与弟弟苏辙的感情非常深厚。苏辙在提到哥哥时，曾说"抚我则兄，诲我则师"，苏轼既是在生活上帮扶和照顾自己的兄长，也是教诲自己为人处世的老师。而苏轼也曾评价弟弟"岂是吾兄弟，更是贤友生"。

苏轼一生屡遭贬谪，旅途几乎遍及中国。基本上每到达一个赴任之地，苏轼就会给弟弟寄信赠诗，以报平安。据不完全统计，在苏轼一生当中，光是以"子由"为题的诗词就写了100多首，至于两人互通的书信更是数不胜数。

年少时的兄弟二人曾约定，要一起"夜雨对床"，读遍天下美诗好词。可晚年的苏轼却在贬谪的途中撒手人寰，徒留苏辙一人。

后来，弥留之际的苏辙交代子孙，要将自己的尸骨葬于哥哥坟边，以兑现两人年少时"夜雨对床"的约定。两人在生时不可得的安稳长伴，终于在死后得以成全。

在轼辙兄弟当中，最打动你的是：

A."夜雨对床"的毕生之约	20分
B. 既是兄弟，也是师友的深沉羁绊	10分
C. 没有什么打动我的	5分

伯牙善鼓琴，钟子期善听。伯牙鼓琴，以流动的音符描绘高山流水和心中事，钟子期一听便知。后来，钟子期去世，伯牙认为世上再无知音，便破琴绝弦，终生不再演奏。

在伯牙绝弦的典故中，你最羡慕的是：

A. 幸运觅得知音的伯牙	20分
B. 有能力探知对方心事的子期	10分
C. 为知己宁愿放弃理想和热爱的伯牙	5分

元稹和白居易的友情堪称古今少有。某一年,元稹送给白居易一绿一白两匹上等布料。

过了几日,白居易写信说,衣服已经做出来了,可是自己却不敢试衣,因为近来太想念元元了,所以消瘦了不少,怕新衣服的尺寸不合适。

元稹便随信回道,自己已经料想到白白会因思念而消瘦,因此寄来的布料尺寸早已改过,让他放心。还附诗直抒思念:"春草绿茸云色白,想君骑马好仪容[1]。"

后来,这两套衣服就成了白居易的至爱。

在元白的感情中,你认为什么是维系两人之间情感的纽带呢?

A. 契合的灵魂	20分
B. 文艺的气质	10分
C. 同样的视野	5分

《史记·刺客列传》中,荆轲与高渐离因为音乐而相知相交。未发迹时,两人是城中最有名的乐队组合。

在闹市上,两人酒兴正浓时,荆轲唱歌,高渐离就击筑伴奏,常引得路人驻足围观。后来,荆轲奉命刺秦,高渐离就到易水河畔为他击筑送行。

荆轲死后,高渐离为了替好友报仇,竟不惜失去双眼,换来一次为始皇演奏的

---

[1] 出自《酬乐天得稹所寄纻丝布白轻庸制成衣服以诗报之》。

机会。他事先将铅灌入筑中，企图以之为武器攻击秦始皇，但终究失败，最终身死他乡。

在"荆高"的感情中，你最钦佩高渐离的哪一点？

A. 为知己不惜性命的勇气	20分
B. 与知己生死与共的决心	10分
C. 对挚友矢志不渝的情谊	5分

世上最真挚的情感就是，我在闹，你在笑。即使是最不经意间的流露，也是你愿与我一生偕老。孙策与周瑜便是这样一对相知的挚友。据《三国志》记载，周瑜与孙策同年，二人自少年时便交好，同住、同饮、同食，"升堂拜母，有无通共"。周瑜还曾将自己的一座宅院让给孙策居住。后来，孙策要去领兵打仗，周瑜就变卖家产、组建军队去追随；孙策需要稳固后方，周瑜就主动领兵回营镇守。孙策去世后，周瑜又继承其遗愿，带领部队留在吴郡帮助孙权登位，尽心尽力辅佐东吴政权，直至病逝。

历朝历代，史书工笔虽并未着墨于孙策与周瑜的感情，但或许世上最真挚的知己之情，就是相遇时的那一句"吾得卿，谐也"。

如果你获得了马良他哥"牛良"的神笔，有能力执笔改写孙策与周瑜的人生，你会怎么改动呢？

A. 让孙策与周瑜退隐江湖，躲过沙场的明枪暗箭	20分
B. 我是历史控，保持历史走向不变	10分
C. 让孙策与周瑜驰骋沙场，定鼎三国	5分

测试结果

25-40分：相爱相杀线

总结词：我们曾经并肩而立，但终因理念不同而分道扬镳。从此之后，你我针锋相对，你我水火不容，可即便如此，这个世界上唯一有资格打败你的人，也只能是我。

恋爱是生活最好的调味品，但你恰好口味清淡。你的个性独立，乐于拥有独处的空间，也愿意给对方自由的发展空间。你不会束缚他人，也不喜欢被别人束缚。在感情中，你更愿意把对方当成朋友和对手，喜欢与亲密的人彼此超越、共同奋斗的过程。

40-60分：绝世互宠线

总结词：我想要的，你都能给。你想要的，我也有能力帮你得到。

你信奉"强强联合"的原则，相信"宠溺"永远不是单方面的付出，而是双向的照顾与契合。但外表看似高冷的你在内心深处却保留着纯粹的温柔可爱。你愿意在信任的人面前表露出最单纯、最孩子气的一面，也有勇气与世俗决裂，去追求内心中向往的一切。心有江山与猛虎，也有草莓冰激凌，说的就是你了。

60-80分：互相救赎线

总结词：明明你已经摇摇欲坠了，却还不惜一切地去当我的救命稻草。

对你来说，恋爱不是一件容易的事情。即使过去有过恋爱经历，你也觉得那些感情都与你所期待的样子不尽相同。你憧憬美好而真挚的感情，向往如同水鱼般相濡以沫的感情，不求热烈，只求深刻。但现实与理想之间总是有一段差距。现在的你正处在感情的迷茫期，再用心感受一下吧，或许你就能找到心中的答案。

80-90分：灵魂契合线

总结词：语言虽是表意的工具，但我们之间的感情，绝不只是说说而已。

你最向往的感情是能够"互相理解、互相扶持"的深厚情谊。我们是世界上最灵魂契合的伴侣，你的一个眼神，我就知你心中所想。我的一个抬眸，你就知我此刻所需。即使你此刻孤寡，但是当你遇到那个对的人，你就会用最真诚的行动证明何谓"不离不弃，相伴相依"。

90-100分：日久生情线

总结词：生活虽然大多是平淡如水，但在经历了岁月洗礼之后，我们的友情历久弥坚。

有点小矜持的你享受暧昧期的互动，但更喜欢平淡日常中的甜蜜细节。心思细腻的你认为"润物细无声"才是最佳的感情模式。你也愿意把所有感情中的不确定都交给时间来考验。

LUOHUA
FENGZHIJI

诗词相和

诗词
相和
第一单元

SHICIXIANGHE

仙圣游
XIANSHENGYOU

文/拂罗

● 李白×杜甫
俊美潇洒诗仙／深沉迷弟诗圣

人生不相见，动如参与商。

李白
- 头衔：古诗界顶流、榜单 TOP1、风流诗仙
- 性格：豪迈大气
- 事迹：力士脱靴、天子呼来不上船

杜甫
- 头衔：诗圣、行走的诗史、白白头号粉丝
- 性格：深沉内敛
- 作品：《三吏》《三别》

仙界

青莲上仙擅自下凡那夜，听童子说，他俯瞰着人间，又多喝了两壶酒。

"我且去接一位朋友，去去就回，群仙莫挂念。"

他就这样大摇大摆地留书一封，白衣佩剑，摇身化作剑客模样，踏月而行，消失在人间苍茫大雪中。

人间

中唐·大历五年

杜甫抱憾辞世那夜，他正在去往岳阳的行舟上。

正是凛冬寒夜，大雪苍茫，或许是将死之人的幻觉，他缓缓睁眼，竟隔着风雪看到了一轮皎皎明月。

露从今夜白，月是故乡明。

看着明月，杜甫忽然想起那个曾追月而去的朋友。

李太白。

世人皆唤那人"诗仙",不知他的灵魂现在又飘荡去了何方?杜甫明白,自己将在异乡行舟上闭眼,病逝于水上,也勉强算是和那人相似了吧。

"子美,我这就带你离开人间,你可准备好了?"白衣仙人坐在病榻旁,笑吟吟地问杜甫。

这便是带我离开的仙家了吧,杜甫想。

或许是因为凡人与仙家有别,纵然他努力张望,却依旧看不清那人的容貌。

"这就要离开大唐了吗?"杜甫叹口气,"我……"

还舍不得。

困顿贯穿了漫长的后半生,自安史之乱后,他已看过太多的荒唐事与死别离,所以并不惧死,只是遗憾终究不曾见到广厦千万间,终究不曾给太白写完最后一首缅怀诗。

——若太白有知,怕是又要笑自己太过优柔寡断了吧,性子太沉郁,远不及他那般洒脱浪漫。

仙人似乎动容,略略思索,歪头笑道:"不妨,再偷偷放你回去看看这大唐?"语气简直像个做坏事的少年。

杜甫问:"你不会被上天责怪?"

仙人哈哈大笑:"我最不屑之事,便是受人管着!"

"既然你眼下不愿跟我走,那就许两个愿吧,弥补些生前的遗憾。"仙人问,"到时我再回来带你走,如何?"

——再看看最好的年月,再见见那个忘不掉的人。

杜甫慢慢点头:"我想先去故乡看看。"

盛唐·开元五年

睁开眼,杜甫发现自己又回到了熟悉的盛唐,正是五岁那年的清晨。

"杜甫,别睡懒觉啦,咱们吃饭去!"

一大早,院里便有小伙伴敲窗,幼年杜甫在被窝里揉了揉惺忪的睡眼。

这时正值开元盛世,而自己出身书香门第,前途大有可为。父辈杜氏的远祖为汉武帝时的高官,母辈崔氏也是名门望族。那时的自己勤奋好学,正是最无忧无虑的日子,"七龄思即壮,开口咏凤凰[1]。"

岁月倒转,再用浑浊的老眼望穿几十年前,杜甫不禁喜悦万分,担心小伙伴催急了,他连忙"哎"了声,蹦跳着出门吃饭。

家里饭菜的味道,五十年不曾尝过了。

小杜甫吸吸鼻子,大口吃菜,耳畔却传来那仙人语重心长的叮嘱:"唉……子美,再饿也要慢些吃啊。"

小杜甫惊讶地环顾四周,只闻其声,不见人影。

他还是乖乖慢下来,吃完了这一顿阔别甚久的饭。

在家乡巩县,杜甫就这样度过了无忧无虑的童年,到十五岁的时候还玩心不减,"庭前八月梨枣熟,一日上树能千回[2]";在郾城,他还曾看过公孙大娘舞剑,半生后,他都不能忘怀"一舞剑器动四方[3]"的惊艳。

——或许从那时起,自己已深深向往擅长舞剑之人吧。

多年后,自李白剑锋淌过的那一抹银亮,就如同彼时最耀眼的开元盛唐。

美好的孩提时代终究会过去。

很快,在开元十九年的时候,十九岁的杜甫收拾行囊,开始了云游生涯,周游五年才决定回乡参加贡试,踏入仕途。

而此时,三十岁的李白正为求官职,拎着作品四处谒见大人物,屡次碰壁无果,终日浪荡混迹于市井。虽仕途不得意,但这位诗仙的才名早已远远传开,杜甫无数次拜读过李太白的诗作,惊为天人。

那时候,杜甫在文坛还只是崭露头角的新人,而年长他十一岁的李白已是名满

---

1 《全唐诗·壮游》。

2 《百忧集行》。

3 《观公孙大娘弟子舞剑器行》。

大唐,所过之处,前呼后拥。五岁能诵六甲,十五岁当游侠,成年后,更是过着"仗剑去国,辞亲远游"的日子,连贺知章都曾惊叹他是"谪仙人"。

以至于多年后,杜甫在自己的诗里一次次地尽情描摹着对方。

"昔年有狂客,号尔谪仙人。

笔落惊风雨,诗成泣鬼神[1]。"

——杜甫许下的第二个愿望,是再见见李白。

仙界

"听说那青莲上仙又下凡了?真是任性……"

"唉,你就别在意啦,当年他当凡人的时候,可是敢在皇帝面前耍酒疯的人物!"

"啊?他到底什么来头?!"

两个仙童窃窃私语。

记忆
盛唐·天宝三载

距离贡试又过去多少年了?

杜甫记得,二十四岁参加过一次进士科考,不料落榜,但自己当时青年得意,并未在乎仕途上的不得志,而是直接去兖州投奔了做司马的父亲,一晃,又度过五六年快意生涯。

"岱宗夫如何?齐鲁青未了。造化钟神秀,阴阳割昏晓。荡胸生曾云,决眦入归鸟。会当凌绝顶,一览众山小。"

这首《望岳》便是杜甫当时挥笔写下的。

---

1 《寄李十二白二十韵》。

我有满腹才华,还愁有朝一日不能登临绝顶吗?

——五十九岁的杜甫时常会回想,原来自己也曾有过不羁的青年岁月,但很快被风霜打击摧折。

若自己像李白那样洒脱就好了。

屡次科举不中,三十多岁的杜甫终于陷入自我怀疑,他徘徊在洛阳,过着失意的生活。

四十多岁的李白,因一篇献给天子的《大猎赋》,受到各方赏识,仕途扶摇直上——这个人,无论失意得意,都必定大起大落,高调骄傲得令人仰望。

杜甫觉得,那个人就像是天上的太阳,又像这盛唐的宠儿。

李太白神仙之姿,"眸子炯然,哆如饿虎,或时束带,风流蕴藉[1]";

玄宗曾降辇步迎,还亲手为其调羹,亲眼见识李白才华后,当场令他侍奉翰林,为自己写诗,从此长伴君王侧。

……

这些传闻,杜甫听过一遍又一遍,但他不曾想过的是,这位谪仙会如此不羁:因厌倦了自己"御用文人"的闲散生涯,李白开始整日饮酒大醉,不仅做出"天子呼来不上船,自称臣是酒中仙"[2]之举,还醉醺醺地要高力士为自己脱靴[3]。如此张狂的作风,必会遭人嫉恨。

不久后,在宫人的排挤下,李白被玄宗赐金放还,并在天宝三载的夏天,来到了东都洛阳。

对于杜甫来讲,相遇来得如此及时——

自己好似夏夜里高悬的暗月,忽然被灿烂的骄阳吸引,若能靠近它的光与热,哪怕是本身不会发光的冷月,也足以亮起清辉。

"我……姓杜名甫,字子美。"

---

[1]《李翰林集序》。

[2]《饮中八仙歌》。

[3]《唐才子传》:遂荐于玄宗,召见金銮殿,论时事,因奏颂一篇,帝喜,赐食,亲为调羹,诏供奉翰林。尝大醉,上前草诏,使高力士脱靴,力士耻之。

他不自觉地走过去,压下万分激动的心思,想要结交这位前辈。

眼前的男人,依然被这大唐文坛众星捧月。

——围在他身旁的宾客太多,会不会有一种可能,纵然自己踮起脚,也难以望穿这重重人海?

杜甫心中难免忐忑。

李白虽年过不惑,却神采奕奕不见疲态,白衣佩剑,放歌纵酒,活脱脱一位少年。面对小他整整十一岁的后辈,不仅毫无轻慢之意,认真读过他的诗后,还眼前一亮:"子美,看来这大唐以后又要多一颗新星喽!"

杜甫微愣,心中霎时如云开月出。

他暗暗笑自己太多虑。

在洛阳共处的这段日子,两人一见如故,每日饮酒谈诗,好不痛快,还约定秋日在梁宋见面。同年秋,杜甫赴约,果然远远见李白正等着自己。

第二次,他们从入秋一直玩到冬天才依依不舍地分别。临别之际,杜甫主动发出邀约:"太白兄,来年,咱们不妨在兖州相会?"

李白大笑,毫不犹豫地答应下来。

第三次见面的时间并不久,但依然很快乐,这次李白带他骑马去拜访一位旧友,是鲁郡城北的范十居士。当日天高云清,二人并肩打马而行,杜甫气喘吁吁地骑马跟在后面:"太白,你骑得太快了,当心——"

"驾!"李白持缰大笑,"子美,那你可要好好追上我!"

话未说完,杜甫眼睁睁地看着李白纵马一头扎进了苍耳丛里。

杜甫:"……"

他默默跟过去,想细心帮李白摘掉满身苍耳,对方却没心没肺地摆摆手,兴高采烈地上马:"不必管它,走,子美,咱们直接找老范[1]!"

李白嗜酒,到了范居士家,自然又拉着杜甫好一通畅饮。

---

[1]《寻鲁城北范居士失道落苍耳中见范置酒摘苍耳作》:城壕失往路,马首迷荒陂。不惜翠云裘,遂为苍耳欺。

最后，两人都醉醺醺地站不稳，在夜色下互相搀扶着回房，实在太困，就蒙着同一张被褥沉沉睡去。第二天大早，杜甫睡眼惺忪，被玩心大发的李白一把拉住手，向外走去："走走走，一起去玩吧[1]！"

——日子纵然失意，跟太白在一起，似乎也能添几分快乐。

杜甫暗暗想着，唇角不禁扬起几分笑意。

转眼，分别的日子一天天近了，杜甫知道自己需回长安讨生活，而李白也决定重访江东。

李白挥毫写下《鲁郡东石门送杜二甫》：
醉别复几日，登临遍池台。
何时石门路，重有金樽开。
秋波落泗水，海色明徂徕。
飞蓬各自远，且尽手中杯。

而杜甫也赋诗一首《赠李白》：
秋来相顾尚飘蓬，未就丹砂愧葛洪。
痛饮狂歌空度日，飞扬跋扈为谁雄？

那时他们都不曾想，第三次见面，也将是此生最后一次。

不久后，杜甫还曾收到过李白寄来的诗，"鲁酒不可醉，齐歌空复情。思君若汶水，浩荡寄南征[2]。"那时，他无比殷切地幻想着，第四次见面会是何时？一年？两年？

他迟迟没能等来第四次见面，那时他也不会知道，其实这辈子也等不来了。

这山河太大，大到两人一转身，即可走出对方的后半生；

这盛唐太小，小到异族的铁蹄一踏，即可踏碎半张版图。

1《与李十二白同寻范十隐居》：醉眠秋共被，携手日同行。
2《沙丘城下寄杜甫》。

余生里，杜甫每念起李白时，便会忍不住为他作诗。

《赠李白》《饮中八仙歌》《冬日有怀李白》《春日忆李白》《天末怀李白》《梦李白二首》《寄李十二白二十韵》……

——诗人诉情，而我诉你。

这些年来，李白的回诗并不多。

不知太白是否还记得自己？

思绪转眼回到了破败的小舟，船内孤灯摇曳，江上冷风无尽。五十九岁的杜甫苦笑一下，他知道，回忆结束了，他与李白，大抵真的不会再有第四次重逢了。

那场颠覆盛唐的安史之乱，正蛰伏在十年后，山雨欲来。

偶尔杜甫会想，倘若自己如孟浩然他们那样，早生十年就好了。

——如此，在盛唐衰败前，我与你相遇的机会，会不会更多些？

中唐·大历五年

安史之乱后，关于盛唐的所有景象都被异族蛮横地撕碎。

"满目悲生事。"

再后来杜甫听闻，李白过得也同样颠沛流离：投奔永王后被定罪，发配夜郎，却在大赦后因生活窘迫不得不辗转投奔友人，醉后稀里糊涂跳入水中[1]……他是如此骄傲的人，怎能容忍自己后半生如此落魄？

——太白，我知道，你分明是去捞那再不可追的盛世啊。

那时的长安城正歌舞升平，动听的琵琶曲还响彻胡姬酒肆，诗人的笔触，一路洋洋洒洒从魏晋风流到大唐盛世，尽在一百零八坊之间。

——我懂你，因为那也是我夜夜梦回过的大唐。

而今一切都再回不去了。

---

1 《唐才子传》：白晚节好黄、老，度牛渚矶，乘酒捉月，沉水中。

弥留之际,杜甫终于想起来,那位仙人为何特意叮嘱自己要慢些吃饭。

因思乡心切,自己乘舟漂泊,却因贫困和战乱不得不辗转各地,最困苦的时候,整整五天粒米未进,饿得奄奄一息。

杜甫记得,当地县令送来酒肉解围,杜甫还记得,那天自己真的太饿了。

挨饿太久的人,是不应该吃太多酒肉的,反而容易伤身,甚至丧命[1]。

——自己居然是这样的死法。

太白,听说后人将我们并肩比作大唐的日与月。

杜甫不禁苦笑。

你是仙家,连死法都那样浪漫。

而我终究在人间难以望你项背啊。

如今他们要接我走了,而你又在哪里得道成仙呢?

卖了半天关子,仙童终于得意扬扬地揭开了谜底:"真是的,这都猜不出来,青莲上仙啊,自然就是昔日的青莲居士,李白喽——"

"听说他在天上守了那位朋友八年呢!"

中唐·大历五年

仔细算算,距离李白落水那天已整整过了八年,弥留之际,杜甫几番挣扎捉墨,想要再为那人写几句诗,却发现自己已经再也提不动笔。

恍恍惚惚,有白衣人影大步再从月色里走来。

仙人要来带走自己了吗?

1《旧唐书》:耒阳聂令知之,自棹舟迎甫而还。永泰二年,啖牛肉白酒,一夕而卒于耒阳,时年五十九。

灵魂从老眼昏花的皮囊中飘出时，杜甫还倔强地捉着笔，惹得那仙人一声朗笑，他再抬眼，这次，终于看清那人笑吟吟的俊朗面容。

算到如今，应是第四次见。

——李白走过来，伸手轻轻帮他握住了笔杆，笑意不减。

"子美兄，你这诗，要不要回天上再写给我看？"

L A N G M A N Z H U Y I

·正在循环播放·

《 浪 漫 主 义 不 文 学 》 热 销 单 曲

我寄人间雪满头
XUEMANTOU 文/白斩鸡

● 元稹×白居易
绝世才子/银发诗人

君埋泉下泥销骨，我寄人间雪满头。

元稹
- 头衔：情诗小王子
- 性格：风流多情
- 诗作：《元氏长庆集》

白居易
- 头衔：皇家八卦写手、平民派诗王
- 性格：平和温厚
- 事迹：素口蛮腰

香火绵延，梵音袅袅，洛阳龙门香山寺内，香客络绎不绝。

一名风度翩翩的白发男人站在入口处张望，拦下年轻的僧人说明来意。

四周来往游客众多，十分嘈杂，不知他说了些什么，竟令僧人微微睁大了眼。

但很快僧人敛下神色，合掌道了一句"施主请随我来"，便将男人领至后院。

片刻后，老方丈脚步匆匆前来迎接。

经过再三的确认，老方丈终于相信了男人的要求，面色严肃地朝男人深深鞠躬，说话时连声音都是颤抖的："多谢施主。"

见此，男人扶起老方丈，顿了顿后目光望向远方，像是回忆起了什么，却什么也没说。

不久后，香山寺宣布重修，民间百姓还未明白发生了什么，一篇《修香山寺记》便流传开来，作者自号香山居士。

他在文章中如此写道：

"去年秋，微之将薨，以墓志文见托。既而元氏之老状其臧获、舆马、绫帛、泊银鞍、玉带之物，价当六七十万，为谢文之贽，来致于予。

予念平生分，文不当辞，贽不当纳。自秦抵洛，往返再三，讫不得已，回施兹寺。"

落笔《修香山寺记》之后的一个月，白居易思量许久，还是决定将它收起。

四四方方的木盒，因为时常翻阅，不像他物那般覆满灰尘，里面一封封中有诗作，也有书信。

再次打开时，心情意外地平静。这似乎也在情理之中，时光匆匆，似流水般冲淡抚平了一切。

只是……

"微之……"

白居易口中呢喃着再熟悉不过的名字，希望时间可以慢一点，再慢一点，让自己不要忘记，一生中最重要之人。

白居易认识元稹，是在贞元十九年。

那时的他不过是秘书省一名小小的校书郎，在人才济济的朝廷，纵使小有名气，也算不得引人注目的人。

他混在人群里，日复一日地点卯生活，日子过得稀松平常。

只是这日，听闻今年又招来一批考生，即将与自己成为同僚，白居易便驻足多看了一眼。

他的目光落在人群中眉眼清俊的年轻男子身上。年轻男子与旁人说话时，在烈日的照耀下显得神采飞扬。

而好巧不巧，那一瞬，男子似是有感应一般朝他望来，微愕之后，蓦地睁大了眼。

"我叫元稹，字微之。"

翌日，白居易刚坐下，便有一人凑到身前对自己道："你是不是传说中的那位白居易？"

白居易有些意外这人会认识自己，但还是点头："嗯。"

"我听说过你！"元稹眼睛亮晶晶的，"离离原上草，一岁一枯荣。野火烧不尽，春风吹又生。大名鼎鼎的顾况听闻你的名字时，曾感叹长安米价甚贵，想要在此谋生'居易'可不容易，但后来读到你这首诗，却又忽然改口，若是有你这样的才华，世上又有什么事能不易呢！"

白居易倒是没料到他连这个都知道，他抬头仔细打量元稹，笑道："坊间传闻的事，实在过于夸张了。我虽会作诗几首，却也不值得顾先生那般青睐。"

"可是我很喜欢！"白居易还想自谦两句，却被元稹打断，他挨着白居易坐下，"平日里遇到所看所想，我也喜欢作诗两句，不介意的话，我可以和你一起吗？"

白居易倒是还没遇见过这么热情的人，愣怔之间，只好点头应下。

白居易没想到，自己就这样与元稹熟络起来。

元稹比白居易年轻七岁。

虽然年幼时家境贫寒、生活艰难，但元稹天资聪颖，十五岁便考取功名，二十出头便入朝为官。

白居易时常感叹元稹是少年心性，热血亦充满活力。

校书郎的工作枯燥无味，忽然有一日，元稹实在看得腻烦，将书一摔，定定地看着白居易，问道："我们读了那么多的圣贤书，难道就是为了坐在这里，日复一日做这些事？"

"国力式微，世道艰难，你难道不想做点别的吗？"

白居易被这番话触动，心中好似有什么开始萌芽。

于是，白居易在与元稹商量之后，决定一同重新参加考试。

他们夜以继日，发奋读书。忽然某天夜里，烛火摇晃中，元稹再次将书一搁，愤愤道："我要改革！"

"你想如何做？"一旁的白居易亦放下书，定定地看着他，似乎一点也不意外。

元稹一脸惊喜："你也这么想？！"

白居易不置可否："若是从文学入手……乐府诗改革能否可行？"

最初的乐府诗，形成于西汉，是从民间采集而来，除了能够编成乐曲广泛传唱、悦耳动听之外，亦能反映一些上层贵族注意不到的民间疾苦等问题，非常具有现实意义。

只是随着朝代更替,乐府诗渐渐受到了许多限制,到如今已经空有其名,难见真意。

但任何文学,都不应当是虚无缥缈的,要深刻地与人结合,与百姓结合,才具有意义。

"革新……未必不可行。"元稹拿出纸笔,写下几个旧题,继而微微皱眉,摇头思索道,"我们若是想要革新,恐怕不能困在过去的桎梏里。"

"文章合为时而著,歌诗合为事而作。"

白居易一字一字道来,元稹忍不住点头赞叹:"正是此意!乐天与我想到一处了!"

看到元稹眼睛发亮,白居易也忍不住笑道:"那便叫它,新乐府。"

"嗯!"

于是,二人重新拿起书本,继续苦读。

后来,他们一同考入才识兼茂明于体用科,进入朝廷大展拳脚,开始推动浩浩荡荡的新乐府运动。

只可惜,官场并没有他们想的那么简单。

元稹为人直爽,遇事知无不言且性格激进,因此得罪了其他的官员,屡遭排挤,没过多久就被贬江陵。

意气风发的年轻人遭此劫难,心里本就愤愤不平,来到嘉陵江,看见浩浩荡荡流淌而下的江水,心中有感而发,写下《使东川·江楼月》。

嘉陵江岸驿楼中,江在楼前月在空。月色满床兼满地,江声如鼓复如风。诚知远近皆三五,但恐阴晴有异同。万一帝乡还洁白,几人潜傍杏园东。

千里之外的白居易因为挚友被贬,本就十分担心他,不久后收到元稹的来信,看见里面的诗句,倍感心疼,便回了一首《江楼月》安慰他。

于是，一匹匹马、一座座驿站，又将白居易的回信送到元稹的手中。

夜半时分，厚厚的云层遮蔽星月，元稹持一坛酒，喝得微醺，喃喃地念："嘉陵江曲曲江池，明月虽同人别离。一宵光景潜相忆，两地阴晴远不知。谁料江边怀我夜，正当池畔望君时。今朝共语方同悔，不解多情先寄诗。"

静夜无风多烦闷，酒亦不识人愁，短短几口便不剩一滴，元稹长长地叹了口气，闭上眼沉声道："若知道你亦如此多情，我早就应当寄诗与你，以解相思之情。"

"呵，人世茫茫，只有乐天懂我。"

然而元稹不知道的是，白居易不仅仅只是懂他而已。

那日，白居易被弟弟白行简、友人李构直邀出门游玩，本是微风轻拂、繁花似锦的春色，三人同行，亦是悠闲愉快的事。

可不知为何，白居易总是忍不住想到身在异乡没能同往的元稹，心中十分黯然，垂眸饮下一口闷酒："花时同醉破春愁，醉折花枝作酒筹。想来，微之今日应该已经到了梁州吧。"

一旁的白行简微微惊讶："哥，没想到相隔千里，你竟然对元稹的行踪记得如此清楚。"

白居易轻笑一声，没有回答，倒是李构直开口了："哪里只是清楚，乐天可是日日记挂日日盼着他回来呢，我听得耳朵都起茧子了。"

末了，李构直还不忘揶揄两句："要我说，这几句诗的题目应该叫《醉忆元九》，不，更准确一点，叫《同李十一醉忆元九》。"

大抵是白居易思念心切，那天夜里，远在汉川驿站的元稹也做了个梦，梦里他与白居易、李构直同游曲江，还去了参观拜访了慈恩寺诸院，几乎与这边发生的事一模一样。

清醒之后，元稹第一件事便是摸出纸笔，提笔写下与白居易的梁州一梦："梦君同绕曲江头，也向慈恩院院游。亭吏呼人排去马，忽惊身在古梁州[1]。"

1《便东川·梁州梦》。

四

元稹从没想过，白居易也会和自己一样被贬。

在他眼里，白居易一身热血，一腔忠心，比自己有过之而无不及。

他身居要职，屡屡谏言，创作了数不胜数的反映底层人民生活的作品，只希望贵族们有朝一日能够了解民间疾苦，心怀悲悯。

他不明白，为什么这样的人不能受到重用。

那时已经被贬至通州，身患重病几欲死去的元稹，立刻让人去打探缘由。

却没想到原因竟如此荒诞。

白居易得罪权贵，遭人陷害。

元稹大笑着，只觉得讽刺至极。他咳嗽着弓起孱弱的身子，叹道："残灯无焰影幢幢，此夕闻君谪九江。垂死病中惊坐起，暗风吹雨入寒窗。[1]"

元稹知晓被贬的日子会有多痛苦，他本想着安慰白居易，没想到没多久，元稹收到了白居易的来信。

江州偏远，挚友亦不在身边，白居易满腔愁思，无处可以诉说，于是梦中总是出现元稹的身影。

或许这就是所谓的日有所思，夜有所梦。

可偏偏白居易还不承认，觉得是因为元稹太过思念自己，才导致自己在梦中遇见了他。

他便像当年元稹去江陵时给自己写信消愁一样，寄一首《梦微之·十二年八月二十日夜》给通州的元稹。

"不知忆我因何事，昨夜三更梦见君。"

元稹虽然仍在病中，心里却是满满的开心，原来挚友在千里之外，心里仍记挂着自己。

很快他便回了一首《酬乐天频梦微之》。

---

[1]《闻乐天授江州司马》。

"山水万重书断绝,念君怜我梦相闻。"

只要有好友相伴,即便不在身边,日子再难再苦,都让人有熬过去的期盼。

白居易没有细数,自己与元稹究竟有多少封来往书信。

他只是在某一天,打算提笔写下《与元九书》时,心血来潮整理书信,才发现相识多年来,已经累起厚厚的一摞信,小小一个木盒早已装不下。

至少有上百封了吧,与在朝为官时那些尖锐的讽喻诗不同,白居易想了想,没做过多解释,只是提笔写下:唯予与元知之耳[1]。

爱慕之情,可欺金石,千里神交,若合符契。

它们只是自己与元稹的秘密罢了。

后来,白居易的心境渐渐地平和了许多,不再郁郁寡欢。

在这样书信来往的日子里,被贬在外的时间都没有那么难过了。

失去了实现抱负的机会,与挚友的深厚情谊却能陪伴一生,也是古往今来十分难得之事。

人生哪能事事圆满?如今这样也算不错了。

可天不遂人愿,圆满似乎总是离白居易一步之遥,在失去实现抱负的机会之后,上天终于将元稹也从他身边夺走。

白居易听闻元稹暴病去世的消息,是在一个月之后了。

---

1 《酬和元九东川路诗十二首》。

从前他以为，纵使天高路远，友人只要心意相通，便是相伴身边。

可如今他才恍然发觉，现实远比想象残酷，当年匆匆一别，没想到是最后一眼。

自己竟连元稹的死讯，都是最后得知的。

烈日当头，白居易惨白着脸抬头望去，只觉得刺眼至极。

白居易昏迷了三天，所有人都以为他会倒下，可他却挣扎着在夜里爬了起来。

只因听闻元稹的家人远道而来，在门外等候，请求自己为元稹写一篇祭文。

白居易强撑着羸弱的身体，净身换衣，端坐在桌前，缓缓提起了笔。

"呜呼微之！始以诗交，终以诗诀，弦笔两绝，其今日乎？"

"然以我尔之身，为终天之别，既往者已矣，未死者如何？"

"公虽不归，我应继往，安有形去而影在，皮亡而毛存者乎？"[1]

寂然无声的屋内，白居易一字一句地写着，伴随着渐渐响起的小声啜泣，那道背影慢慢佝偻下去。

将元稹家人所赠约六十万贯赠予香山寺，是白居易为元稹做的最后一件事。

离开时，他一步步从台阶走下，漫天霞光，照亮纷繁的人世。

人来人往，皆怀着满心的希冀，想要求得一个美满的结果。

他却只能怀抱着一个永不可能再成真的梦，永不可能再见到的人，逆着人群，下山而去。

直到许多年后，白居易在无数个悄然寂寥的午夜惊醒，恍惚之间，囿于梦中，难分真假。

只有时间流淌不变，记录下一切。

君埋泉下泥销骨，我寄人间雪满头。[2]

---

1 《祭微之文》。

2 《梦微之》。

KUANG SHAO NIAN

·正在循环播放·

《烂漫狂少年》乐队代表作

寻旧约

XUNJIUYUE

文/顾闪闪

苏轼 × 苏辙
乐天宠弟狂魔／清冷内敛弟弟

但愿人长久，千里共婵娟。

苏轼
- **头衔**：吃货名嘴、古迹打卡达人
- **性格**：乐天派
- **作品**：东坡肉、《东坡七集》

苏辙
- **头衔**：兄长向日葵、唐宋八大家之一
- **性格**：方正持守
- **事迹**：《栾城集》

　　苏轼近日心头有点小别扭。

　　人人都看得出，他在有意躲避自己的弟弟苏辙，这并不是因为苏辙做了什么不恭不悌的事，恰恰是因为他心中有愧，一与弟弟对上眼神，就会面上发红，仓皇而遁。

　　究其缘由，就不得不提这次会试。

　　这已经是他们兄弟第二次进京赴试，感觉却与头一回大不相同。

　　嘉祐二年那次，因为苏家的两位儿郎都是初出茅庐的小子，又从眉山远道而来，在东京城没什么名气，虽崇拜的目光少了些，倒也没觉得有什么不妥。那年他二人同时登第，相互祝贺之余，也由衷地感到欣喜。

　　但时隔四年，再次进京，风向却变了。

　　或许是因为当年的主考官欧阳修对苏轼评价甚高，盛赞"此人可谓善读书，善用书，他日文章必独步天下"；或许是因为欧阳修大人闹了个乌龙，误将苏轼的文章认作门生曾巩所写，为避嫌，将其从第一名点至第二的趣闻，反倒把第二名抬得比第一名更有含金量。

　　总之从那以后，苏轼在京中的名声就跟爆竹似的，炸了。

　　东京每一家酒楼中都能听到苏轼的名字，读书人以传抄他的新作为潮流，想尽办法与他结交，甚至模仿他的穿着打扮。

　　人们在夸奖一件事物时，总要有所参照。

　　才华相当，但名气不如兄长的苏辙就成了最好的靶子。

这些日子，苏轼走到哪里，耳朵里都是"大苏小苏皆是大才，但要我说，还是大苏更胜一筹"的声音，更有甚者，直接轻慢地将苏辙称呼为"苏子瞻的弟弟"。

这些话他能听到，苏辙没理由听不到。

苏轼心中十分过意不去。

明明两人是一母同胞，又都是不世出的天才……更重要的是，自己的弟弟明明是那样温柔的一个人啊！

他憋着一股气，回到驿馆，没想到正与苏辙撞了个正着。

苏辙正站在窗前，手中握着一卷书，外衫轻轻披在身上，白色的中衣如同一层薄雪。

君子如玉。这几个字不知怎的，突然跃进苏轼的脑海里。他赶忙换上笑容，急忙道："子由，你的病还没有痊愈，怎么就站在这儿吹风？快快回去歇着。"

苏辙却没有挪步，目光淡淡地望着他，道："哥哥最近是不想见到我吗？"

"说的什么胡话？"

苏轼心思被戳穿，脸上一热，脱口而出道："子由……你听说近来的传言了吗？"

"自是有所耳闻。"

苏轼话一出口就后悔了，但又收不回去，脚步定在那里，仿佛被钉在了苏辙面前。

苏辙微微低头，眼帘低敛，叫苏轼一时间猜不透他的心思。

"我知道，现在外面都在下注，赌此次殿试兄长与我的名次，哪个会更高些，押兄长的多，押我的少。"

他连脸色都没有变，只是笑道："我还知道，那些人在议论，从父亲给我们取的名字，便可看出高低。'轼'，乃车前凭倚之横木，是一辆车最前头必不可少的部分，注定是要显露张扬，高高在上的；而'辙'不过是车轮碾过的痕迹，默默无闻，是要被压在最低处的……怎能与'轼'相比？"

苏轼忙道："子由，你少理会那些风言风语，你知道的……为兄从未想过这些。"

苏辙继续问道："兄长还记得，父亲为你我兄弟取名的本意是什么吗？"

苏轼不假思索道:"当然,父亲给我取名'轼',是希望我能像车轼一样,为国家栋梁之材,扶危济困,还要时时谨记收敛锋芒;给你取名'辙',是因为每一辆车行过,都会留下车辙,'辙'虽无人在意,但也正如此,不容易招致灾祸,得以安处祸福之间。这是父亲对我们的殷切期望,与外界所传并不相同。"

苏辙点点头:"既然如此,我又怎会介怀?兄长莫要看轻子由了。"

眉州苏家有两位公子,年纪相差不过三四岁,皆是人中龙凤,不仅长得好,才情好,脾气也都很好。长子苏轼风趣博学,明敏可爱,整日鼓捣些佳肴美酒,和他在一起的日子,没有一日不是有趣的;次子苏辙斯文淡泊,处事沉稳谨慎,进退有度,自有一番清雅气质。

他们的父亲苏洵因父丧,带着二子返回眉山老家,关起门来亲自教授他们诗书。因此苏轼和苏辙既是亲兄弟,又是学堂里唯一的小伙伴,他们虽天性不同,一热一冷,却自小和睦,日日待在一起,从未有过矛盾。长辈们都说,是哥哥让着弟弟,但其实弟弟也没少包容哥哥。

每当下雨的时候,别家少年都会为不能出去玩而哀叹埋怨,只有大苏小苏不一样。他们会放下书本,吹熄灯烛,窝在床上,趁着夜阑人静,一起听潇潇夜雨,嬉嬉笑笑地说些悄悄话,并长久地以此为乐。

唐朝韦应物有诗云"宁知风雨夜,复此对床眠",描绘的便是此种光景。

檐外雨声沙沙不断,年少的苏轼和苏辙挨坐在床头,预见到不久的将来,他们兄弟二人必会为了功名理想而奔走,到时难免天各一方,各自浮沉。

于是他们早早地约定好,若有朝一日,四海清平,志向得偿,他们便不会再留恋世间繁华,到时一同告老还乡,再像今日这般夜雨对眠,永远不分开。

苏辙的肺病越来越严重,已经到了难以起身的程度,可殿试又近在眼前。

素来豁达的苏轼急得在门前团团转,几次想要进来探病,却又被苏辙给挡了出去。还好有宰相韩琦大人在官家面前说情，竟单单为他一个考生，将开考时间推迟了整整二十日。本该八月开考的殿试，硬生生被挪到了九月。

京中舆论又是一片哗然，大家都在讨论，这苏子瞻的弟弟也是不简单，还没开考就成了官家面前的红人，接下来的殿试头筹落入谁手，可就真是说不定了。

不想，结果出来，苏轼的文章被钦点为第三等。

原来这大宋朝制科考试共分五等，一二等皆为虚设，百年来，之前只有一个名叫吴育的考生，曾考出过三等的成绩，而苏轼此次竟被评为三等，实为"百年第一"。

而苏辙那边，更是戏剧化。为了他的策论文章，两位主考官几乎要吵起来。他这人看着四平八稳，却偏偏做出一鸣惊人的事：仁宗为了照顾他的病情，特地连殿试都推迟了，他却在文章中，将宋仁宗与历史上的六位昏君相比，历数仁宗的桩桩错处，言辞激烈，顿时在朝中掀起了轩然大波。

一时间，街上说什么的都有，有人说苏辙是怕与兄长争先，不抱希望，才乱写一气；还有人说苏辙是太想压苏轼一头，用力过猛之下，聪明人竟写出糊涂文章来。

朝中的争论意见，比市井要尖锐许多。司马光认为，苏辙应与其兄苏轼一样，被置于第三等，因为他直言善谏，勇敢地说出了连肱股之臣都不敢提的意见。

另一位主考胡宿认为，做官首先要敬重君王，如此大逆不道之话都敢说出口，这苏辙必定不是省油的灯，应当黜落[1]。

一个二十二岁的考生，一篇简短的文章，竟引得朝廷上下吵个不休。

最后还是仁宗出来解围："朕宣称要选拔直言之人，等到人家真以直言相谏，却又把这年轻人抛弃，那天下人该怎么看朕？"

仁宗都这么说了，反对的大臣只得退让，最终，苏辙以第四下等的成绩考中进士。

于是，议论纷纷的众人又迷惑起来，到底是苏轼更厉害，还是苏辙更优秀？

有人跑去问苏辙，苏辙却还是如往日那般平和，丝毫不见面刺天子之过时的决勇激进。他从容道："当日兄长的策论中曾有'直言当世之故，无所委曲'的磊落态度，子由所书，也只是遵从兄长的教诲罢了。"

---

[1]《苏颍滨年表》：惟胡宿以为不逊，力请黜之。

世人不知，殿试之上的两篇风格迥异的文章，细品之下不过是兄弟二人的肝胆相照。知世故而不世故，本就是苏家兄弟的底色。

从来一体，无谓高低。

果然如二人当日所料，殿试之后，苏轼和苏辙走上了两条不同的道路，这道路恰如两条奔向不同方向的河流，几番相就又远离，最终未能交汇。

嘉祐六年，及第后的苏轼被派往凤阳府，出任判官，而苏辙则选择了辞去外任，留在京中，奉养两人年事已高的父亲。

临别那天，苏辙送了兄长一程又一程，最后送了一百四十里，到了郑州西门外，仍舍不得分开。

一向洒脱的苏轼那日异常地沉默，只是静静望着弟弟的脸，最后自嘲地笑道："也不知这是怎么了，明明没有喝酒，怎么行着行着便醉了？子由，说句不切实际的话，为兄此时脚步尚没有远离，心却已跟着你的马鞍归去了。你回去之后，还能与老父做伴，但为兄从此之后，便只有孤身一人咯！"

苏辙没有应声，牵着缰绳的手却紧攥到泛红，正如被垂睫遮住的眼眶。

"子由你伤感什么？被童仆看到，怕是要笑你了。"苏辙愁容稍缓，却见苏轼扬眉道，"你看这路人行歌居人乐，多像我们儿时相伴的场景。今日一别，为兄只有一句嘱咐，天大地大，眼光放远，切勿贪念高官，更要爱惜身子。"

说着，他将披风解下，披到苏辙单薄的衣裳上："十一月了，别又沾染了风寒。"

苏轼走了，马蹄随着烟尘而去，不顾弟弟目光的切切追随，消失于天际，留下的只有一首赠别诗。

"亦知人生要有别，但恐岁月去飘忽。

寒灯相对记畴昔，夜雨何时听萧瑟？"[1]

---

[1] 出自：宋·苏轼《辛丑十一月十九日既与子由别于郑州西门之外马上赋诗一篇寄之》。

原来，少年时夜雨对床的誓约，他还记得。

这些年来，苏辙最期盼的，便是信使送来兄长书信的日子。

苏轼的信多来一封，他便多高兴几分。

当日虽在会试中一鸣惊人，但苏轼的仕途却算不上顺畅，他先是因反对宰相王安石的新法，被迫离京，而后又辗转杭州、密州、徐州，鞍马劳顿，换作旁人，早已心力交瘁。

但他并非常人，他是不拘俗流、旷达乐观的苏子瞻。

无法在京城大展拳脚，他就在偏远之地修苏堤、筑黄楼，带领百姓与天灾相抗，治理水患。贫穷不能影响他对生活的热爱，从往来的信件中，苏辙清楚地知道，兄长今日于哪处高歌，明天又登上了哪一座险峰，结交了哪些新友。

他总有那么多的奇闻趣事要与苏辙一一分享，那日苏辙将这些信整理起来，数了数，少说也有一百多首。

他说："子由，吾从天下士，莫如从子欢。[1]"

他说："人生到处知何似，应似飞鸿踏雪泥。[2]"

落雨前后收到的书信最多，因为当日的誓约，听雨时便难免挂念，"相看恍如昨，许多年月""便与君、池上觅残春，花如雪。[3]"

中秋佳节，皓月当空，苏辙展开兄长寄来的家信，上面写着："但愿人长久，千里共婵娟。"苏辙会心一笑，第一次知道，思念竟能写得如此缠绵。

每当这时，平日在政坛上大展拳脚的苏辙便会变回眉州的腼腆少年，他伏在案上，就着灯光，一字一句地写："岂意彭城山下，同泛清河古汴，船上载凉州。[4]"

他们将最好的诗词都留给彼此，仿佛另一个人从未离开自己身边。

1《和子由苦寒见寄》。
2《和子由渑池怀旧》。
3《满江红·怀子由作》。
4《水调歌头·徐州中秋》。

但最让苏辙记忆犹新的，还是那封来自狱中的"绝笔信"。

元丰二年，时任湖州知州的苏轼因诗获罪，被指控讥讽朝政，不遵新法，再一次被抛到了东京城的风口浪尖上，但这次迎来的却是滔天的灾祸。

一时间，原本崇拜苏轼的文人们为求自保，纷纷开始焚烧苏轼的诗集，与他撇清关系。唯有苏辙，冒着杀身之祸，先是遣人前往湖州为兄长通风报信，让他赶快避祸，在苏轼被捕后，又承担起了多方奔走，为兄长辩白求情的重任。

那段时日，书房的灯彻夜亮着，府中上下人心惶惶，有不少自小服侍的老仆役都在偷偷抹泪。唯有苏辙虽脸色苍白、眉头不展，但未见半点脆弱，他知道只有自己保持坚强和冷静，兄长才有获救昭雪的可能。

但收到兄长狱中来信的那日，苏辙却终于抑制不住，泣不成声。原是牢狱内误传了消息，苏轼得知自己要被判死刑，万念俱灰，心中想到的第一件事，便是提笔给痴痴守候在家的弟弟写了一首诗：

"是处青山可埋骨，他年夜雨独伤神。

与君世世为兄弟，更结来生未了因。"[1]

夜雨对床的约定，为兄要失约了。都说世事无常，可是我与你做兄弟还没有做够啊，如果有来世，你还愿意做我的弟弟，与我结下未了之因吗？

那是苏辙入仕之后，第一次哭泣。从来淡然的青年对着字句，映着灯火，一次又一次抹去泪水，双手颤抖着不能自已。他连夜将此诗呈交御前，动情地上表道："臣早失怙恃，唯兄轼一人，相须为命……不胜手足之情，故为冒死一言。""臣欲乞纳在身官，以赎兄轼，非敢望末减其罪，但得免下狱死为幸。"[2]

为救兄长一命，苏辙冒死进言，乞求用自己的官职换取兄长活命的机会。

苏辙是在政治上有大才的人，或许对于寻常庸官来说，做官意味着权势和金钱，但苏辙全然不在意那些。站在朝堂上，为国效力，为民请命，是他的理想。作为官员，他有勇亦有谋，明明那般沉稳的人，却逼得"拗相公"王安石几次让步。多少次，书童都望见书房的灯彻夜长明，他是想用自己的一生，搏一个海晏河清。

---

1 《狱中寄子由》。

2 《为兄轼下狱上书》。

但为了苏轼，他情愿放弃这一切。

最终，在苏辙的不懈努力和各方搭救之下，苏轼免于一死，只是被贬黄州。

也许在旁人眼里，这些年来，苏辙为苏轼付出了太多。

兄长被贬定州，路无盘缠，他便拿出七百万缗钱资助；兄长在杭州没有安置之所，他便倾力为兄长买房，而自己直到花甲之年才买下居所；兄长想在惠州修桥，惠及黎民，又是他，典当了全家的受赏之物，送去支持……

明明是自小活在兄长名气阴影下的人，却活得像一束阳光。

但苏辙却说："手足之爱，平生一人。"

在他心中，兄长带给自己的一切，远非这些金银利禄可比。他的智慧，他的眼界，他满心的悲悯，都来自兄长，而自己所能回报的，不及万一。

"当时共客长安，似二陆初来俱少年。有笔头千字，胸中万卷；致君尧舜，此事何难？用舍由时，行藏在我，袖手何妨闲处看。身长健，但优游卒岁，且斗尊前。"

苏轼一阕《沁园春·孤馆灯青》，写尽兄弟二人平生事。怎奈天不遂人愿，他终未做到"身长健"。随着苏轼的离世，斗酒樽前，愿景也终化作了泡影，二人就连最后一面，也没能见到。

这件事，成了苏轼合眼前最后的遗憾。他给苏辙留下遗书："即死，葬我嵩山下，子为我铭。"苏辙收到后，执书而哭曰："小子忍铭吾兄！"

但他还是挥毫写下了《东坡先生墓志铭》，因为这是他能为兄长做的最后一件事了。"皆迁于南，而不同归。天实为之，莫知我哀。"

苏轼去后，苏辙潜居颍滨，闭门谢客，再不理红尘事。十一年后，于家中逝世。朝廷本欲将其葬于眉州祖坟，但他早留下过遗言，遂遵其遗愿，将遗体葬于小峨眉山苏轼墓旁。

天又下起了小雨，两块并立的石碑沐浴在湿润的清风中，彼此相伴相依。

那场景非但并不悲伤，反倒令人生出几分尘埃落定的欣慰。

苏家二郎，去找他的哥哥了。

恰似飞鸿

QIASI FEI HONG

·正在循环播放·

《恰似飞鸿》舞台剧预告

绝密信件档案

文/明戈

柳宗元 × 刘禹锡

白衣文士／山水诗豪

携来沐风雨，鸿雁万里情。

柳宗元

- **头衔**：讽刺派小能手、毒舌王、唐宋八大家之一
- **性格**：刚直不阿
- **作品**：《河东先生集》《江雪》《渔翁》

刘禹锡

- **头衔**：大诗豪
- **性格**：刚毅
- **事迹**：《陋室铭》《竹枝词》《乌衣巷》

公元793年。

刘禹锡一身暗竹纹月白锦袍，墨发高高束起，书生气质在人群中分外显眼。众人面前是一张中举榜单，那上面刘禹锡的名字赫然在列。

周围人连番上前恭喜他，二十二岁就高中进士，真是年轻有为。不过他却一言不发，只是眼角带笑看着榜单。

旁人都以为他是沉浸在自己高中的喜悦中，不过若有人顺着他的目光仔细看去，便能发现他的视线并没有落在自己名字上，反而停留在另外三个字上——柳宗元。

柳兄你好，冒昧打扰。

我叫刘禹锡，在监察御史当值。听说你也被调到了这里，以后我们就是同事了。

希望我们能共事愉快，需要我帮忙的地方尽管开口，不用客气。和我们一起的还有韩愈，也蛮好相处。

听人说你诗写得特别好，正巧我也爱写诗。

期待你的到来哦，希望我们能成为好朋友。

公元803年6月 刘禹锡

刘兄，

你好！谢谢你的关心。

不劳兄台介绍，我认识韩愈那个家伙。既然咱们都爱诗，到时可以一起饮酒赋诗。

明天就要第一天上班了，想想心情还有些激动。

希望我能不负朝廷的期望，在这个岗位上为国家好好出力，发光发热。

近来王叔文有向我抛出橄榄枝，有意招揽革新之士。不知刘兄对这件事想法如何？

公元803年6月 柳宗元

不知不觉，我们已经共事快小半年了，有些话不好当面讲，还是写信说吧。

我们三个虽说都是同事，但不知为何，总觉得你与韩愈走得更近些。不知是他年纪长于你，显得更有智慧，还是你觉得他诗文写得好？

前阵子想约你出去游玩，他偏要一同前往，你想都没想就同意了。最近他去关中查访，听说你还特意为他摆酒席践行。

说实话，我心里有点不太舒服。

那个……其实我儿时便受过诗僧皎然和灵澈的指点，诗写得也挺好的。等公事没那么忙了，要不你抽时间看看？

公元803年11月 刘禹锡

这……刘兄误会了，韩兄诗文写得的确很棒。

我们改天再说诗的事吧，我现在在忧虑别的问题。

近来我们革新派的队伍在不断壮大，我十分开心。但若是日后革新顺利进行，定会触动藩镇、宦官的利益。

届时，一旦风头变化，保守势力联合反扑，怕是会对我们不利。

公元803年11月　柳宗元

柳兄不要担心。

人生在世，还是要乐观些。毕竟现在形势一片大好，革新也在顺利进行中。

你我二人既是革新集团的核心人物，便应当专注于眼前的事，携手并肩前行。就算到时我们被打压，大不了就是被贬官。我们该做的努力已经做完了，就算真的被贬，那又有什么遗憾呢？

对了，下周天气似乎不错，我们一起去洛阳城游玩吧！

正好韩愈……不是，可惜韩愈被贬为连州阳山县令，不能一同前往了。

公元803年12月　刘禹锡

呸，我这乌鸦嘴。

宪宗一上位便打击我们，王叔文也被处以了死刑[1]。

完蛋了，不知道我们二人会落得什么结局。

刘兄，要保重。

公元805年8月　柳宗元

柳兄莫慌，圣旨下来了，我被贬为朗州司，听闻，你被贬为邵州刺史。

---

1 《子刘子自传》。

也罢,被贬就被贬吧。

我们相隔的不过是距离,依旧可以互相写信。

可惜上次约你去洛阳城玩,终是没能成行。此次一别,不知道何时才能再见了。

公元805年9月 刘禹锡

刘兄,我没有去邵州,在赴任的途中,我又被加贬为永州司马。

我和母亲无处可居,只能住在龙兴寺。这里真是荒凉无比,条件也极其艰苦。我倒是没有关系,只是可怜老母还要跟着我受苦,我真是太不孝了。

有时我也会哀叹,上天为何要如此对我。我明明二十就高中进士,少年得志,风光无限,谁知现今竟沦落到这步田地。

老母说,我脸上时有愁容,常下意识地叹气。

哎,真怀念以前的日子。

公元805年12月 柳宗元

见字如面。

和你一样,我这里也十分偏僻,人烟稀少,你看我这首《汉寿城春望》就知道荒凉成什么样子了。

汉寿城边野草春,荒祠古墓对荆榛。

田中牧竖烧刍狗,陌上行人看石麟。

华表半空经霹雳,碑文才见满埃尘。

不知何日东瀛变,此地还成要路津。

不过我与柳兄不同的是,虽然我清楚知道这里凄凉不堪,可谁又能说这个鸟不拉屎的地方,哪天不会变成交通要塞呢?

就像官场，浮浮沉沉，说不准什么时候形势一变，我们又可以回到京城了。

到时我们还可以每天待在一起，我也很怀念身边有你的日子。

公元 806 年 3 月　刘禹锡

哈哈哈，刘兄误会了，我指的是怀念我们能在朝廷施展拳脚的时候。

可能我天生悲观，不像你这样乐观豁达，所以还是没能彻底看开。说实在的，这边山里的景色很好，只是我完全没有心思欣赏。

不过还是谢谢你能开导我，有你和韩愈这样的朋友，真是我最大的慰藉了。

韩愈前阵子还把他写的诗文寄给我品评，刘兄要一份吗？

公元 807 年 7 月　柳宗元

你们还有联系？！

真是，诗写完了就自己留着呗，到处发什么，我才不看。

柳兄你也别看了，我这儿写了几首新的，你还是看看我的《秋词二首》。

自古逢秋悲寂寥，我言秋日胜春朝。

晴空一鹤排云上，便引诗情到碧霄。

山明水净夜来霜，数树深红出浅黄。

试上高楼清入骨，岂如春色嗾人狂。

瞧瞧，咱这诗情都接连到碧霄了，气势不比他的高？

公元 807 年 10 月　刘禹锡

刘兄何必总和他较真。

"自古逢秋悲寂寥，我言秋日胜春朝。"

我知道你想说什么，自从被贬到此处，我就倍感孤独寂寥，连提笔的欲望都没有，一直浑噩度日。

我知道你不过是借着写诗，在暗暗开导我。所以每次收到你的来信，我都觉得不是自己一个人，我的身后还有朋友，真的谢谢你。

我最近也在试着重新找回自己，再次开始写诗。

随信附上一首《江雪》。

千山鸟飞绝，万径人踪灭。

孤舟蓑笠翁，独钓寒江雪。

公元808年1月 柳宗元

重新开始写诗是好事儿，你再和我聊几个来回，保证心情能好起来。

我至今都还记得你在大雨刚停的夜晚吟诗的样子，云后的月光照在你身上，整个人都在闪闪发光。

有件事一直没告诉你，其实我早就见过你，在我们做监察御史的十年前。

那时我们都在同一个队伍里，一起进京赶考。

有一次你独自在雨夜复习，穿了一件淡藕色的外衫，头发高高束着，眼帘低垂，手里握着书卷，正来回踱步背诵。后来你突然开始吟诗，但我离得太远听不清，所以想着走近些。没想到一不留神撞到了树上，貌似还将你吓了一跳。当时我嫌丢人，就趁着天色暗逃跑了。

第二天我和朋友打听你，才知道原来你的诗写得特别棒。后来我便时常留意你，慢慢发现你常常形单影只，几乎不和他人来往，脸上还总挂着淡淡的忧郁。

发了榜后，看见我们都高中了，我当时超级开心，想着以后可以一同进朝为官，毕竟我真是很喜欢你那天的诗，也很想认识你。

　　可后来你突然没了消息，再和你联系上便已经是当上监察御史时。

　　虽然你后来才认识我，可我认识你却比谁都早。

公元 808 年 10 月　刘禹锡

　　既然刘兄提起相识的那幕，那我也实话实说好了，其实我也是十年前认识的你。

　　虽说我和他人很少来往，但我知道你的诗写得出神入化。那时你常常一副自信满满的样子，会给其他考生讲解题目，走到哪里都被人群簇拥着，所以我都是默默看着你。

　　记得那天晚上，我注意到有人在偷看我，还奇怪是谁，定睛一看原来是你。

　　我当时也不知道该如何和你认识，便想着以诗会友。没想到我还未吟上两句，身后就传来"咚""哎哟"两声，你就消失不见了。再后来我见你似乎没有与我结识的意愿，也就没敢主动找你。

　　高中后不久，我父亲便去世了。于是我回家守孝三年，也耽误了后面的科考进程。

　　真的没想到后来还能遇见你。

　　其实我和韩愈关系没有那么好的，前几天他被召回长安了，之前因为我的一个观点我们开始了辩论，气得我当时就写了一篇《天说》寄过去，结果他还是不服。

　　说到这里，刘兄不介意了吧？

公元 808 年 11 月　柳宗元

原来你当年也在留意我。

不过是好友间来往书信,我怎么会介意呢。

话说回来这家伙还真是过分,竟敢不认同你的观点。

你放心,我刚才已经快马加鞭,写了三篇《天论》发过去了,就不信弄不服他。

你知道吗,我身边的朋友都在传你写的《小石潭记》,我也看了,写得真是"其词甚约,而味渊然[1]"。能认识你这样有才华的人,真是三世有幸。

若是能和你一直书信联系,就算这地方再凄凉不堪,也觉得没那么要紧了。

公元809年4月 刘禹锡

朝廷那边松了口,要把我们召回去。

一别十年,终于要相见了。

想当年,我们还是意气风发的少年,现在发丝间已添了几缕白发。

这次能回长安实属不易,希望我们能再次双剑合璧。

公元815年1月 柳宗元

我真是迫不及待见到柳兄了。

我已经到了都城,这里正值桃花开放,美不胜收。

不过这都是我们离开后种的,就像那些新的权贵,不也都是我们不在朝廷后才被提拔起来的吗?

若是有我们二人在,还有他们什么事?

---

1 《答柳子厚书》。

我一个没控制住，就写了首诗，名叫《元和十年自朗州至京戏赠看花诸君子》[1]。

　　紫陌红尘拂面来，无人不道看花回。

　　玄都观里桃千树，尽是刘郎去后栽。

　　你觉得我写得如何？

公元 815 年 2 月　刘禹锡

　　我觉得我在京城屁股还没坐热，就又要被贬了。

公元 815 年 2 月　柳宗元

　　都怪我一时嘴快，害得我们又被贬，真是太对不起了……

　　哎，这次被贬得更远，你被派到柳州，我被派到播州。

　　老母还要随我一同前往那凄凉偏远地，我……

公元 815 年 3 月　刘禹锡

　　我理解你的担忧。播州非人所居，不足五百户，且路途遥远，只怕她的身体无法承受。

　　刘兄不用担心，我已向朝廷再三上书，愿与你对换[2]。我现在父母俱亡，去再偏远的地方也没有关系。

　　其实这十年间，我已经想清楚了许多事。

　　从当年的风光无限，到后来狼狈至此，或许这就是命运吧，注定如此，我们也无须难过。

1《新唐书·刘禹锡传》。

2《新唐书·柳宗元传》。

在我最抑郁的时候，是你的一封封书信让我重新振作起来，所以刘兄万万不用抱歉。

只是这次再被贬，我们便不知何年何月能再见了。

公元815年3月　柳宗元

谢谢柳兄，朝廷已将我改贬到连州。

此次一别，的确再不知聚期。

但我们都是自长安南下，所以还有一大段路可以同行，能再在一起赏花畅游，饮酒作赋，这也算是坏消息中的好消息了。

公元815年3月　刘禹锡

这一路上，我们把酒言欢，从诗词歌赋聊到人生哲学，可以说度过了我人生中最快乐的一段时光。

可欢乐的时光总是短暂的。今日行至衡阳，我们便要分道扬镳了。

说实在的，我不擅长告别，尤其是与你告别。许是性格所致，或是我们大多数时间都是书信往来，我已经习惯了。

因此在这最后时刻，我还是决定写一封信给你，当作我们的离别词。

我们在最风光最年少时相识，志趣相投，意气风发；也在最狼狈最凄凉时相伴，你予我鼓励，互相砥砺。

可以说我们人生的大部分轨迹都是相同的，彼此宛如世界上的另一个自己。我很感谢你，一直都在我身旁。

好了不煽情了，我们既是诗人，自是要赋诗一首，就叫它《衡阳与梦得分路赠别》吧。

十年憔悴到秦京，谁料翻为岭外行。

伏波故道风烟在，翁仲遗墟草树平。

直以慵疏招物议，休将文字占时名。

今朝不用临河别，垂泪千行便濯缨。

对了，突然想起来件事。

那天夜里你并未听到我吟诗的内容，为什么后来会说因为喜欢我的诗想认识我？

公元 815 年 6 月　柳宗元

这是个好问题。

许是因为，认识你总需要个理由吧……

我的确生性乐观，总是能苦中作乐。可今天这苦，我找不出一丝乐。

罢了罢了，不多言了。你说得对，我们都是诗人，自要有诗人的样子。

你既写诗离别，我也赠诗回你——《再授连州至衡阳酬柳柳州赠别》。

去国十年同赴召，渡湘千里又分岐。

重临事异黄丞相，三黜名惭柳士师。

归目并随回雁尽，愁肠正遇断猿时。

桂江东过连山下，相望长吟有所思。

柳州和连州之间，有桂江相连。每当桂江东流而去，途径连山之下时，便是我在这里凝望你。

公元 815 年 6 月　刘禹锡

见字如面。

自从上次我们作诗三别后，你已经许久未给我回信了。

听友人说你身体似乎不太好，为了柳州政事操劳过度，切记要保重身体呀。

公元 818 年 8 月　刘禹锡

最近真是太忙了。虽说做不了什么大官,不过能为当地百姓做点事也是十分幸福的。放心,我身体特别好。

而且我算是发现了,我们的规律就是每隔十年能一见面。

现在还剩七年,等我哦。

公元 818 年 9 月　柳宗元

哈哈哈一定等你。

公元 818 年 12 月　刘禹锡

柳兄,我母亲去世了,我好难过。

公元 819 年 10 月　刘禹锡

柳兄?

公元 819 年 11 月　刘禹锡

见字如面。

距离我们上次见面已经过去了整整十年,我们终于可以见面了。

如果……如果六年前你没有因病逝世的话。

你在遗嘱里将你所有的诗全都托付给我。

我已经全部整理完毕,筹资刊印了。

我总是一遍遍翻着这些诗，想象你在雨夜吟诵它们时的样子。

你曾问我既然从未听清你吟诗，又为什么会说因喜欢你的诗而想认识你。

对了，我写了首诗，一直没给你看，在这里念给你听吧。

杨柳青青江水平，闻郎江上唱歌声。

东边日出西边雨，道是无晴却有晴[1]。

公元825年11月　刘禹锡

---

[1] 出自《唐诗摘钞》，此处以"晴"字双关"情"字。

PING JING NI GU

平静逆骨

·正在循环播放·

《平静逆骨》rap 单曲

琴音和鸣

第二单元

荆轲
- **头衔**：国服第一刺客
- **性格**：英勇
- **事迹**：易水歌、刺秦王

高渐离
- **头衔**：燕国击筑 up 主
- **性格**：坚毅
- **事迹**：刺秦王

　　公元前 227 年，荆轲受太子丹之托，千里迢迢行刺秦王，图穷匕见行刺失败，身中八剑，仰天蔑笑，身死当场。秦王震怒，下令攻燕。一年后，燕王喜缢杀太子丹，将其首级奉上，但并未稍缓灭国的局势。

　　公元前 222 年，秦王灭楚，向东取鲁，同年虏燕王喜，灭燕国。

　　公元前 221 年，秦王灭齐，隔年平定百越之地，至此，秦王扫六合，称始皇帝，一统天下。

　　六王毕，四海一。蜀山兀，阿房出。

　　……

　　咸阳城巍峨的秦殿里，幽禁着一位来自燕国的囚徒。

　　"风萧萧兮易水寒……"

　　他记得，那人临行那日，满座衣冠胜雪。

　　他记得，自己击起最珍惜的筑为好友送行，目送他带着那个叫秦舞阳的少年踏上行舟，在那响彻易水岸的变徵之声里，且歌且行，消失在他的视线尽头。

　　"壮士一去兮不复还……"

　　后来，他听说那人死在了咸阳宫里，果真一语成谶，再没踏回易水。再后来，太子死了，国也亡了，燕国成了镜花水月里的一场空，而他不得不隐姓埋名，乔装打扮，随着流亡的百姓们颠沛流离。

亡国之民,又谈何尊严呢?这天下早就不是他熟悉的天下了。

无数次,他梦见在仓皇流离的途中,无人辨出他燕国乐师的身份,异国的士兵对他蔑笑,仿佛望着一头牲畜,见他竟敢倔强回望,便不耐烦地啐一口,高高举鞭:"嘿,这贱民!"

夜半时分,高渐离再次从旧梦中惊醒,发现自己竟又枕着筑睡着了,后背上狰狞的旧伤隐隐刺痛着。

他被软禁在这秦地的皇宫。

嬴政很爱听他击筑,为此甚至愿意留他一命,秦王自以为帝王恩宠,足以让一介小小乐师感激涕零。

高渐离心如明镜。

亡国之恨,丧友之痛,岂是能轻易卸下的?

高渐离想起自己曾数次抱筑拾级而上,步入金殿,嬴政就在远处,命他奏乐。他盯着秦王,暗暗捏紧手里的筑,心中思索:若快跑数十步,一砸,即可让秦王血溅三尺……

杀了眼前灭他国家,践他国土的仇人!杀了他!

被幽禁的夜里,亡国仇与逝友悲一并涌上心头。高渐离仰头望月,依稀听见秦宫内传来靡靡舞乐之音,正是歌台暖响,春光融融,再遥想大燕亡国的凄凉,他不禁越发失神。镣铐上传来的刺骨冰寒让他猛地清醒——嬴政忌惮他的身份,每次听琴都距离甚远,并不适合下手。

要耐心等一个时机才行。

筑里早已偷偷灌满了沉重的铅,足以一击毙命,他已经准备好了。

"高先生,大王有令。"幽宫的门忽然被人推开,来者仿佛绰绰鬼影,携卷着冷夜的风。

自从好友死去,高渐离极少流露出自己的情绪,但在抬头这一刻,看着侍卫手持炭火盆冷冷逼近,他还是苦笑了一下。

嬴政这次想夺的,是他的双眼。

荆卿啊荆卿,当年你怀揣匕首一步步走进这秦宫,可曾有过害怕的时刻?

滚烫的炭火逐渐逼近双目,高渐离闭上眼,黑暗里浮现的却是好友那张冷峻的脸庞——是荆轲,他正仰头将酒饮尽,沉声道:"我在等一个人。"

他想起了荆轲说过的每一句话……

"我不是燕国人,但我很喜欢这个地方,你呢?"荆轲仰头,大口喝下烈酒。

那时自己坐在好友身旁抚琴,淡淡一笑:"大燕是生养我的国土,我永远不会背叛燕国。"

作为国中知名的乐师,高渐离自幼与筑为伴,天赋极高,每奏一曲必引得满堂落泪。作为以击筑倾诉衷肠之人,他生了一副看似温润的皮相,骨子里却有极为叛逆的一面,时常旁若无人地在集市醉酒,当众奏乐放歌,引得百姓注目。

荆轲就是那个时候和他相遇的。

"好!"

人来人往的燕市,突然听见有人叫了声好,高渐离从放浪形骸的快意中稍微抽离,醉眼望向对方——是个异国打扮的剑客。此人目若星辰,炯炯有神,正和着他的筑音唱歌,大笑高呼。

何人?

高渐离有些疑惑,但他并不在乎,只乘兴与那人高歌起来。痛快畅饮一番后,才彼此问起姓名。

"燕国乐师,高渐离。"

"齐人,荆轲。"

彼此熟识后他才得知荆轲是来燕国谋求赏识的,路过燕市,听见有人奏乐唱歌,便闻声而来,见自己竟能抛却世人目光,我行我素,不禁心生结交之意,忍不住出声叫好。

荆轲原本是齐国庆氏的后人,迁移到卫国之后才改了荆氏,他自幼喜爱读书与剑术,文武双全,周游列国,与当地名士结交,颇受赏识。来到燕地之后,他果然也得到了德高望重的隐士田光的欣赏。

但高渐离知道,好友最爱的还是约自己一道去集市饮酒,待半醉之际,便由自己击筑,荆轲合着拍子高歌。若是喜气洋洋的歌,好友便揽着他的肩膀大笑,若是悲壮哀恸的歌，遥想秦兵猛如虎，天下动荡，他便感伤哭泣，荆轲也一同潸然落泪[1]。久而久之，集市上的百姓都知道，这里时不时就会出现两个又哭又笑的疯子。

高渐离还记得，当时与他们一同高歌的还有个以宰狗为生的屠夫，但他是个很奇怪的人，不愿意被人直呼名字，只让人称呼他"狗屠"而已。

欢乐的日子如春光易逝啊！

高渐离想笑。

如今燕亡，荆轲已被秦王挫骨扬灰，自己也被囚于幽宫，狗屠怕是也凶多吉少，不必再挂念了。

"老实点！"

滚烫的木炭终于逼近他的双目，冒出浓烈的白烟，烟熏的刺痛蔓延眼球，大滴的眼泪流淌满面。高渐离本能地剧烈挣扎起来，随即被几个侍卫重重押住，动弹不得，他咬紧牙关，几乎将牙尽数咬碎。

"你本就是燕国人，又是那位刺客的朋友，大王是怜惜你的才华，只派我们来熏瞎你的眼睛，还特许你继续为大王弹奏。高先生，你应感激大王才是……"有个于心不忍的侍卫劝道。

高渐离终于放声大笑。

秦人啊秦人，何其傲慢！

剧痛中，高渐离再次想起好友，黑暗中，荆轲的身影仿佛就在眼前，他大步朝自己走来，沉声道："渐离，我要走了，太子近日回国，派我刺杀一个人。"

彼时的他正平静抚琴，淡淡问："谁？"

"秦王。"

"秦要吞并六国，眼下即将轮到你的燕国……前些日在秦地当质子的太子逃回来了，还收留了从秦国逃来的樊於期，秦王若知道了，怕是要问责燕国。"男人的声音如夜风般沉冷，"前不久，田光先生向太子举荐我，太子求我去刺杀嬴政。"

---

[1]《史记·刺客列传》：荆轲既至燕，爱燕之狗屠及善击筑者高渐离。荆轲嗜酒，日与狗屠及高渐离饮于燕市。酒酣以往，高渐离击筑，荆轲和而歌于市中，相乐也，已而相泣，旁若无人者。

高渐离手一僵，筑音微顿，竟"嘣"地断了一根弦。

太子丹逃回来的事，前不久自己也听说过，还听说名士田光自刎了，想来是为了保守与太子丹商议的秘密，看来荆轲最终还是接受了太子丹的请求。

"秦王死了，秦国便会覆灭吗？"高渐离喃喃问道。

太子丹所想的这一切，未免也太过儿戏。

荆轲不答反问："燕国亡了，你的筑声还奏得下去吗？"

高渐离沉默。

"渐离，刺秦之事已定，到那日，你便来易水旁为我击筑送别吧。"荆轲忽笑，仰头饮酒。

这成了高渐离记忆中印象最深刻的一句话。在聊天中他得知了好友内心所想，原来荆轲是想在殿上活捉嬴政，强迫他签订契约，将土地归还诸侯。若成事，便以此回报太子丹的知遇之恩，若不成，便血溅咸阳宫。

不知为何，荆轲迟迟没有动身的念头，只是每日约他饮酒作乐。

问他，荆轲只笑，不回答。

高渐离发现自己越发看不透好友了。

转眼，秦兵灭赵，又向北直逼燕地，太子丹惊惧地催促荆轲快些行动："秦兵早晚要横渡易水了！您看……"

荆轲平静答道："眼下到秦国去，没有能让秦王信任我的东西，无法接近他。秦王如今用千金万户来悬赏樊将军的项上人头，若能得到此物与我国督亢的地图献上，必能得到秦王接见[1]。"

见太子丹优柔寡断，荆轲便私下找到樊於期，以替将军一雪前耻为由，说服樊於期自刎。不久后，太子丹找到赵国的男铸剑师徐夫人，花百金买下了一把匕首送

---

[1]《史记》：久之，荆轲未有行意。秦将王翦破赵，虏赵王，尽收入其地，进兵北略地至燕南界。太子丹恐惧，乃请荆轲曰："秦兵旦暮渡易水，则虽欲长侍足下，岂可得哉！"荆轲曰："微太子言，臣愿谒之。今行而毋信，则秦未可亲也。夫樊将军，秦王购之金千斤，邑万家。诚得樊将军首与燕督亢之地图，奉献秦王，秦王必见臣，臣乃得有以报。"太子曰："樊将军穷困来归丹，丹不忍以己之私而伤长者之意，原足下更虑之！"

给荆轲，还派了一个叫秦舞阳的少年随荆轲同行。

高渐离见过那把锋利的匕首，荆轲私下里给他看过，薄如蝉翼，银亮如雪，正好可以藏于地图内，图穷匕见，即可逼近嬴政咽喉。

当时他有些好奇，正想凑近看看，好友却立刻拿远了。

"别碰，"荆轲收起匕首，低声道，"剧毒淬炼过，见血封喉。"

高渐离哑然失笑。

又过了一段时日，荆轲依然迟迟没有上路，只说在等一个人，惹得太子丹等人疑心他胆怯反悔。而高渐离深知好友并非这样的懦夫，彼时，他困惑地问过："荆卿迟迟不动身，是在等狗屠吗？"

荆轲却难得地笑了一笑，惜字如金道："猜？"

难不成是与他交恶的剑客盖聂？高渐离想不通。

终于，太子丹急了："刺秦之事刻不容缓，您还没有动身的打算，那我先派秦舞阳去吧！"

"只顾去深不可测的秦国，而不顾是否能完成使命，太子如此派遣又有什么用？"荆轲皱了皱眉，冷声道，"我此番便去，劳太子为我送行吧[1]！"

易水河畔，太子丹与众门客皆身披白衣戴白帽，为壮士践行。高渐离记得很清晰，那天吹过易水的风格外冷，自己在岸边击筑，荆轲在船上合拍而歌，乐曲格外苍凉，满座涕零[2]。

"风萧萧兮易水寒，壮士一去兮不复还！"

荆轲带着秦舞阳上路了，没有回头。

---

1 《史记》：于是太子豫求天下之利匕首，得赵人徐夫人匕首，取之百金，使工以药淬之，以试人，血濡缕，人无不立死者。乃装为遣荆卿。燕国有勇士秦舞阳，年十三，杀人，人不敢忤视。乃令秦舞阳为副。荆轲有所待，欲与俱；其人居远未来，而为治行。顷之，未发，太子迟之，疑其改悔，乃复请曰："日已尽矣，荆卿岂有意哉？丹请得先遣秦舞阳。"荆轲怒，叱太子曰："何太子之遣？往而不反者，竖子也！且提一匕首入不测之彊秦，仆所以留者，待吾客与俱。今太子迟之，请辞决矣！"遂发。

2 《史记》：太子及宾客知其事者，皆白衣冠以送之。至易水之上，既祖，取道，高渐离击筑，荆轲和而歌，为变徵之声，士皆垂泪涕泣。又前而为歌曰："风萧萧兮易水寒，壮士一去兮不复还！"复为羽声慷慨，士皆瞋目，发尽上指冠。于是荆轲就车而去，终已不顾。

抱筑站在人来人往的集市，高渐离笑笑，这燕市又只剩下自己了。

他不顾旁人目光，继续击筑将歌唱起："风萧萧兮……"

后来，荆轲刺秦王成了人尽皆知的传说，风萧萧兮，壮士未归。从此，易水旁多了一位独自击筑而歌的乐师，再后来，秦王震怒，太子丹的头亦被燕王喜献上，却没有真正改变亡国的命运。秦王扫六合，下令通缉这些门客，高渐离只得逃离，改名换姓，到宋子城当了一个小小的酒保。

日复一日，用这双击筑的手做着卑微的工作，高渐离越发觉得疲惫。

亡国之民，何日是尽头呢？

"燕大！"主人家又唤他，"快去干活儿，别偷懒！"

燕大，倒过来，就是那倾覆的大燕。

高渐离应了一声，路过主人家的堂上，冷不防听见有客人击筑，他竟听得有些痴，不舍离开，喃喃说着那音调的好与坏。久而久之，他的异常举止吸引了其他下人的留意，禀告给了主人家。

主人家便要他击筑来听听。

如此躲藏下去，终归没有尽头。

于是，高渐离重整衣冠，从包袱里抱出自己珍惜的筑，一步步走到堂前。满座宾客震惊地看着他仙人般的容貌风仪，再听到那如仙乐般的筑音，连忙请他上座[1]。

宋子城每家每户都想看看这位燕国乐师，都想邀他作客击筑。此事终于传到了秦王的耳朵里，命他来宫里奏乐。

我终于也要去那咸阳宫了吗？荆卿，你便在九泉下看着吧。

高渐离在心中冷冷地笑。

宫里有人认出他的面容，惊呼："他就是高渐离！"

1《史记》：秦并天下，立号为皇帝。于是秦逐太子丹、荆轲之客，皆亡。高渐离变名姓为人庸保，匿作于宋子。久之，作苦，闻其家堂上客击筑，彷徨不能去，每出言曰："彼有善有不善。"从者以告其主，曰："彼庸乃知音，窃言是非。"家丈人召使前击筑，一座称善，赐酒。而高渐离念隐畏约无穷时，乃退，出其装匣中筑与其善衣，更容貌而前。举座客皆惊，下与抗礼，以为上客，使击筑而歌，客无不流涕而去者。

嬴政爱惜他的才华，决定留他一命，但碍于高渐离的身份，每次听他奏乐都要离得远远的。可能是思来想去，终究还是不放心，便一声令下，熏瞎高渐离的双眼。

　　双目不能视，纵使你心中有再多仇恨，也不能放肆了吧？

　　高渐离再从昏睡中醒来的时候，距离他被熏瞎双目已过去几日了。

　　他在无边的黑暗中缓缓抬起头，料想此时应该又是个凄冷的明月夜。

　　他双目已不能视，这些日蒙着眼入殿为秦王击奏。因借口说受伤无力，击筑声越发减弱，所以嬴政听琴时与他的距离越发近了。

　　是时候了。

　　"高先生，是演奏的时候了——"

　　夜尽天明，高渐离指尖抚过心爱的乐器，抱起这灌满铅的筑，在侍卫的牵引下朝着秦宫一步步走去。熹微的暖光照在他的脸上，他抬起头，在脑海中肆意勾画出咸阳宫巍峨的模样。

　　荆卿，你也曾像我这般，捧着凶器，一步步朝着帝王的宝殿而去吧？

　　"我在等一个人。"

　　"荆卿迟迟不动身，是在等狗屠吗？"

　　"猜？"

　　那天，当高渐离抱着筑，一步步在黑暗里走进好友当年丧命的咸阳宫时，他终于真正地想明白了。

　　我在守一个人，而那个人不知道我在守他。

　　也好，你我在易水那一别，终究是太匆忙了。

　　如今，我走过你曾走过的路，咱们也算是重逢。

　　高渐离乃以铅置筑中，复进得近，举筑朴秦皇帝，不中。于是，遂诛高渐离，终身不复近诸侯之人。——《史记》

CIQIN

刺秦

·正在循环播放·

《刺秦》音乐剧宣传pv

王维
- **头衔**：诗画双担、诗佛
- **性格**：佛系淡泊
- **事迹**：《王右丞集》《画学秘诀》

裴迪
- **头衔**：辋川隐士、山水派诗人
- **性格**：恬淡宁静
- **事迹**：《辋川集二十首》

他留下的《辋川集》终究还是整理完了。

那人缓慢写下最后一笔，愣神片刻，终于轻轻合上诗集，一声叹息。

窗外明月相照，料想佛堂外林深幽静，若摩诘还在，必会乘兴邀自己去竹里馆夜游一番。

可惜……

罢了，带上那份心境独自漫步一番，也算是与他做伴了吧。

那人披衣推门，路过佛堂，烛火仍亮，老僧静静打坐。

"夜深了，法师怎么还在这儿？"那人走近，双手合十，衣袍无意间拂乱了烛火。

老僧敲着木鱼，缓声答："老衲在等一位贵客。"

"贵客何人？"

"前世今生的有缘人。"

那人倒不细问："这么久了，有缘人不来，法师便歇息吧。"

他刚转身，便听老僧问："这么久了，故人自会往生，裴施主又何时能放下？"

那人静立半晌，只低笑一声，推门离去。

衣袍微拂，熄灭烛光。

只剩木鱼声。

大历元年。

次日清晨,辋川佛舍来了一位小小的不速之客。

这孩子是循着诵经声来的。

他拈起袍角,轻车熟路地踩过青苔路,小心翼翼地推开佛堂门,见有一位老僧正打坐念禅,不敢叨扰,正襟危坐。

"小施主年约几何?"老僧问。

"五岁。"

"从何而来?"

"从长安城来。"

"小施主可知,这里曾是何人故居?"

"知道,我爹娘说王右丞五年前驾鹤西去,这里是他的旧宅。"孩子满面虔诚,"爹娘找人算卦,说我前世在这里有执念未放下,要来化解。"

"小施主可知,王右丞姓甚名谁?"

"王维,字摩诘。"

老僧微笑点头。

孩子等了一会儿,终于将困惑问出来:"法师,明明第一次来这儿,可为何这辋川临湖亭、竹里馆、辛夷坞……我都似曾相识?"

"怎样似曾相识?"老僧毫不意外。

"就是……"孩子想了想,"我总觉得,应该还有另一个人在这儿。"

"谁?"

"我……"孩子困惑摇头,"我不记得了,您知道吗?"

见对方从蒲团上起身,孩子只好跟上,却见老僧带自己来的地方分明是某人的书房,斋中只有茶铛、药臼、经案、绳床而已。

眼前的陈设都如此熟悉,仿佛自己曾无数次来过这里。

他在老僧的注视下慢慢走过桌案,留意到那本叫《辋川集》的书册,墨痕尚新。

"裴迪兄,若我魂归天际,这还未完稿的《辋川集》,便由你代我整理吧。"

"好,摩诘,你且放心,我一定将咱们俩唱和过的诗作全部整理好,不会有遗漏。"

恍恍惚惚,他竟看见前世的光景——摩诘居士与友人谈笑,又倏地不见了。

那位友人是谁?

好像……叫裴迪,曾在这辋川与居士形影不离。

孩子翻开桌上的书册,见书稿俨然已成,皆是昔日二人往来唱和之作。

隐隐欲泪的感觉再次涌现,孩子闭上眼,脑海里尽是前尘——在那京华云烟中被众人簇拥着的,是个俊秀的年轻人,眉目淡泊,笑有禅意。

他想起来了。

那是上一世的自己。

"维儿,娘给你取字摩诘,意思是洁净无垢,你可要做个正直的人啊。"

青灯古佛与虔诚下拜的母亲,成了王维幼时最深刻的记忆,而自己也深受影响,自幼参悟佛法,与自然亲近。王维记得,自己从童年时便名闻乡里,十五岁时离家赴京,几次应试不中,但因出众的才气与书画造诣,迅速成为了文坛新秀,连岐王等人都是他的好友。

天才新秀,翩翩公子,春闺梦里人,琴棋书画样样精通。

这是年轻时的王维最常听到的形容,但他并不放在心上。

他志在朝堂。

二十一岁,王维终于考中进士,得了太乐丞的官职,专门负责舞乐教习等事物,以供朝廷祭祀宴会之用。青年心比天高,以为仕途即将蒸蒸日上,可现实很快给了他荒谬一击——任职数月,王维就因"黄狮案"受到牵连,贬谪济州整整五年[1]。

何谓黄狮?

---

[1] 《唐语林》:王维为太乐丞,被人嗾令舞黄狮子,于是出官。黄狮子者,非天子不舞也。

狮子舞中的黄狮是皇帝才能享用的,如今他属下的伶人擅用了,就是对皇帝的大不敬。而这一贬,注定了王维大半生蹉跎的基调,起起伏伏,几经调职,他渐渐鬓染风霜,而眼下的朝廷混浊如泥潭,自张九龄下台后,奸相李林甫在京城一手遮天。

王维本就是自幼清修禅理之人,看着宛若风暴中心的长安城,不免越发失望。

娘,你给我取字摩诘,可无垢之人,又怎能在这魑魅魍魉横行的朝堂久居?

王维渐渐开始厌恶朝廷,潜心山水时,他认识了毕生的忘年交——裴迪。

小他十五岁的裴迪,曾在哪里度过少年?是否也曾在爹娘膝下玩耍?又或许,那个叫裴迪的少年,此时此刻正一无所有,唯有咬牙向前,才练就了云淡风轻的性子。

这些,王维都不知道。

他只知道,见到裴迪的时候,对方已然是个猜不透笑容的白衣书生,而自己,也从俊郎青年变成了丧妻大叔。

而立之年丧妻后,王维终身未续弦。

那时自己漫步散心,在林下看到那一袭白衣身影,同样信步悠然。见他朝这边翩翩而来,王维一时恍惚,竟觉得岁月倒转,是十七岁的自己在眼前微笑作揖。

"在下裴迪,敢问前辈名讳?"

"王维,字摩诘。"

白衣书生眼睛一亮,朗朗道:"摩诘,洁净无垢,看来前辈必定出身佛学世家。"

同为参禅之人,王维对白衣书生顿生好感,邀对方同游。

裴迪作《青雀歌》:"动息自适性,不曾妄与燕雀群。幸忝鹓鸾早相识,何时提携致青云。"

王维举杯,会心一笑:"吾与卿同。"

穿行林间,煮酒谈诗,王维越发觉得青年与自己志趣相投,同样想投身大唐朝堂,却又不屑同流合污,不禁与他一见如故。

挚友,便是从对方身上看到了自己的影子。

熟识裴迪后,仗着年纪大,王维常常戏称对方"裴秀才",而裴迪也毫不介意。后来,四十四岁的王维决定半官半隐,在蓝田辋川购置了一套宅子,他苦心经营,打造山水，还专门安排了扫地童子十数人，时刻保持屋内洁净，以供清修[1]。

裴迪受邀欣然搬到附近。

王维对当时的情景记忆犹新，乱世风雨来临前，那是最恬淡的一段岁月。自己与忘年交往来唱和，用足迹丈量了辋川所有的好景致，印象里，裴迪性子和自己一样淡泊，唯独醉酒之后，才会高声放歌。

王维笑着提笔赠诗："复值接舆醉，狂歌五柳前[2]。"

这个裴秀才啊，活脱脱如陶渊明在眼前一般。

共同隐居的这些年，竹里馆、华子岗、辛夷坞……都曾是二人唱和诗作之处。相处久了，王维发现眼前这个年轻人无论是思想还是诗风，都越发与自己相似。

在竹里馆时，月下竹影摇曳，王维醉酒弹曲，提笔写"独坐幽篁里，弹琴复长啸。深林人不知，明月来相照[3]"。

独坐？

旁边分明还有个小友呢。

若换作其他朋友，怕是要恼了，而裴迪不慌不忙，从容微笑："来过竹里馆，日与道相亲。出入唯山鸟，幽深无世人。"

以天地为灵感之人，常常连己的存在都悉数忘却，在提笔这一刻，你不再是你，而是化作了天地万物。

而我懂你的所有心思，因为我与你的灵魂，好似天上月与水中月，本就是一体。

王维神差鬼使地微醺笑问："日与道相亲，裴秀才，你的道是什么？"

彼时，溶溶月色下，他看见白衣书生深深看了自己一眼，又转过头望月喝酒："摩诘前辈，其实晚生从少年起便倾慕您的才名。"

怎么答非所问？

王维无奈醉笑，喝着酒，恍惚听裴迪自语："辋川有摩诘居士，对晚生来讲……便是桃花源了。"

---

1 《唐才子传·王维》：笃志奉佛，蔬食素衣，丧妻不再娶，孤居三十年。别墅在蓝田县南辋川，亭馆相望。尝自写其景物奇胜，日与文士丘为、裴迪、崔兴宗游览赋诗，琴樽自乐。

2 《辋川闲居赠裴秀才迪》。

3 《竹里馆》，王维、裴迪唱和。

清风月明中，好似梦一场。

他们有个共同的朋友，叫崔兴宗，也是个矛盾之人，几次入仕又隐居，二人曾为他饮酒饯别。那时酒过三巡，王维不免心中唏嘘，也起了"不如去朝廷看看"之念。

不如，离开辋川？

裴秀才云淡风轻地喝着酒，目光淡淡扫过王维，似有所思地笑了笑："晚辈作诗一首。"

归山深浅去，须尽丘壑美。

莫学武陵人，暂游桃源里。[1]

既要归山而去，便尽情领略山川草木之美吧，可不要学那闯入桃花源的武陵人啊，只逗留片刻便匆忙离开。

也正是这首诗，坚定了王维隐居清修的心思，这期间，他放下心来，与裴迪日夜出游唱和，友情越发深厚。而在裴迪感慨世事时，王维也作诗劝慰过好友。

酌酒与君君自宽，人情翻覆似波澜。

白首相知犹按剑，朱门先达笑弹冠。

草色全经细雨湿，花枝欲动春风寒。

世事浮云何足问，不如高卧且加餐。[2]

不知不觉日子久了，不见裴迪，王维的落寞之情便油然而生。

他曾写诗给裴迪：

携手本同心，复叹忽分襟。相忆今如此，相思深不深。[3]

某年十二月，想到已有数日不见小友，王维便北渡一路寻去，却听说裴迪正在读书，不便打扰，他就带着仆人登临华子岗，怀念从前同游的种种。最后，连仆人都睡着了，王维却还无法入眠，遥想曾经与小友挽手赋诗，忍不住修书一封。

"非子天机清妙者，岂能以此不急之务相邀？[4]"

---

1 《送崔九》。

2 《酌酒与裴迪》。

3 《赠裴迪》。

4 《辋川闲居赠裴秀才迪》。

思来想去，竟怯于亲手交给好友，王维便拉住农人，要他传信。

来年春日可否与我同游？若您在我眼里不是个妙人，我怎能因如此闲散之事就邀请您呢？

几日之后，王维漫步而归，见裴迪早已等在他家，坦然笑道："我等不及，这就放下书来赴约了。"

山中年月长，王维就这样从不惑步入白头。

这大唐倾覆，却发生在须臾间。

天宝十五载，安禄山攻入洛阳，玄宗率百官逃亡，流离中的王维不慎被虏，因才名在外，安禄山强行将他接到洛阳来，囚于菩提寺，硬要他任职伪官。

践踏汉人国土，攻占我大唐江山，如今竟还要羞辱我等汉臣！

王维毅然决定吞服毒物，毒哑自己。

彼时，安禄山在凝碧池设宴，梨园的大唐伶人们不肯表演，摔碎乐器痛哭，竟被安禄山以极刑迫害！听闻消息，五十五岁的王维满腔苍凉，拼命将苦彻心扉的药吞下[1]。不料反抗无果，依然被授任了屈辱的伪官。

绝望之时，他的小友奇迹般地来了。

"摩诘兄。"

裴秀才竟只身越过层层杀机，来到了菩提寺。他风尘仆仆，淡淡笑道："想与你见一面，就来了。"

王维一时恍惚，仿佛回到了当年辋川，他感慨万分，写下"万户伤心生野烟，百僚何日更朝天？秋槐叶落空宫里，凝碧池头奏管弦"之句。

裴迪郑重收好诗稿，回去了。

转眼，唐军收复两京，伪官纷纷被砍头，王维蓬头垢面地坐在天牢，望着那窄窄一方窗外的月亮苦笑。

---

[1]《旧唐书·王维传》：禄山陷两京，玄宗出幸，维扈从不及，为贼所得。维服药取痢，伪称瘖病。禄山素怜之，遣人迎置洛阳，拘于普施寺，迫以伪署。

就在他以为自己命不久矣的时候，转机竟来了。

原来，皇上看到了"百僚何日更朝天"，龙颜舒展，觉得此人身在贼营心系朝廷，而非有意当叛徒，再加上他弟弟王缙自愿削官为兄赎罪，便将王维放了出来，降职处理，继续任用[1]。

那诗究竟是谁呈上的？

王维脑中立刻浮现出白衣书生高深莫测的笑容，不禁扬唇。

过几日，请裴秀才喝酒吧。

后来，王维升到了尚书右丞。

在人生的最后一年，他分外想念辋川烟雨，于是上表削官，让弟弟得以回京，自己则回辋川，将旧舍改成佛堂，又将这些年与裴迪的唱和诗整合成《辋川集》，可惜，没能亲手整理完[2]。

秀才，剩下可要拜托你了。

四

当王维抽离前尘事，再看《辋川集》，最后一笔墨痕，竟好像是昨夜写的。

小友，当日之托，就这么一本书，你怎么足足整理了五年呢？

孩子脸上缓缓露出不符合其年龄的苦笑。

是整理时会想起我来，所以舍不得写完它吗？

若今生的我改头换面，与你重逢，仍留在上一世辗转的你，是否会朝我困惑一瞥？

"施主，可听说过心魔？"老僧开口。

孩子点头："裴迪的心魔是？"

"即是他的道。"老僧答。

孩子说不出话。

1《旧唐书·王维传》：维以《凝碧诗》闻于行在，肃宗嘉之。
2《唐才子传·王维》：后表请舍宅以为寺。临终，作书辞亲友，停笔而化。

他忽然懂了，竹里馆明月夜，白衣书生那深深一瞥。

相忆今如此，相思深不深？

"自您投胎当日，裴施主便长留于此，潜心整理这本诗集，已有五年。"老僧道，"施主，你执念已解，能否也愿意渡他？"

裴秀才啊裴秀才……本以为你是游目骋怀之人，想不到你才是最痴狂的那个。

孩子缓缓走上前，提笔写字。

归山深浅去，须尽丘壑美。

当裴迪看见这行稚嫩的字迹，难免微愣，忽又一笑。

原来如此。

摩诘，我们仍在这大唐，却彼此已相隔两世。

你再路过辋川，会不会看见此世的我，仍留恋我们的故居不走，伴青灯古佛，缅怀你的前世？

否则，你怎会留下这一句？

这天下灵清秀美，正该尽情赏玩。

逝者已逝，剩下的终是心魔啊。

当初我劝崔兴宗的诗，而今居然被你用来点化我了。

裴迪心中豁然开朗。

裴迪辞别辋川那天，恰逢朝雨，他朝老僧深深合十，转过身，在老幼两人的目光里，隐入一片青青柳色中。

人生天地间，忽如远行客。

最后，孩子仰头，目光落在悠悠万代白云间。

辋川,忘川。

"缘起缘灭,阿弥陀佛。"

老僧双手合十。

"小施主,今生家在何处?便随老衲,离开这辋川罢。"

潮来天地青

TIAN DI QING

·正在循环播放·

《潮来天地青》古风新专试听

伯牙
- 头衔：楚国第一琴师
- 性格：纯真执着
- 事迹：《高山》《流水》《水仙操》

钟子期
- 头衔：天生音感、平凡樵夫
- 性格：旷达
- 事迹：高山流水

第一封竹简

子期兄：探亲结束，我已乘舟从楚地回到晋国，诸事顺遂，不必挂念。临别之约不敢忘，待到来年秋，我便再去汉江口，弹琴给你听。

第二封竹简

甚好，你平安回晋，我便宽心了。

近来常咳嗽，想必是在江口吹风受了凉，需卧床几日，劈柴的活计恐怕要交给年迈的高堂了。伯牙，你在晋国那边，莫忘了天寒时需添衣啊。

第三封竹简

子期兄：不觉间竟已是春日，晋地花开甚好，不知我们的故乡楚国此时又是如何光景？

> **第四封竹简**
>
> 子期兄：
>
> 临近夏日，草木繁盛，你在山上可有收获？
>
> 春日时我命人给你寄过尺牍一封，但没有收到你的回音，料是差人半路遗失了，我便再寄一封罢。距离你我秋日之约一天天近了，你是否像我这般万分期待？
>
> 分别这些日，我弹了许多新曲，到时一定给你听。
>
> ……

"大人，您去哪里？"

伯牙再回过神时，身边的采药小童正说着一口亲切的楚国乡音，好奇地望着他。

常年在此地劈柴捕鱼为生的人家，并未见过来自晋国的上大夫，更别提是像他这般平易近人的了。这小童是他在汉江口附近偶遇的，见他打扮不似楚人，便热情地为他指路。

殊不知，他眼前这位"晋国大官"其实本就是楚人，只不过现在在晋国当官罢了。如今这周朝虽名存实亡，但名义上还是天下"共主"，贤人们奔走于各诸侯国，择明主，实属正常，并不存在为别国效力一说。

想到这里，伯牙轻轻一笑，温声道："我要去汉阳江口寻一位故人赴约，弹琴给他听。"

他一心赶路，并无多聊之意。

"是谁呀？这附近的人家我都认识，"小童眨眨眼，得意道，"大人一提名字我就知道！"

面对喋喋不休的小童，伯牙有些无奈，但并不反感。

他其实更爱以琴倾诉衷肠，不愿与人多交流，但乡音总归让他感到亲切，继而让他想起子期来，不禁破天荒多说了几句："他是这里的樵夫，姓钟名徽，字子期。"

遥想当年初遇时，少年意气，诗词相和

扬鞭策马，繁花似锦

奈何国破山河易，鼙鼓动地来

长亭外，酌酒一觞，前途漫漫西风烈，寒蝉凄，孤灯残影，

故人音书绝

遍寻四海千山，韶华易逝人易老，几回生死

蓦然回首，正是江南好风景，

幸得落花时节又逢君

不知何故，去年汉江口一别，他便再收不到钟子期的任何消息。

那些由自己殷切寄出的竹简，本以为会如同大雁迁徙那般有来有回，却不料竟是杳无音信，如同投入茫茫汪洋。分别一年来，那人只是最初寄来寥寥一封回音而已，要他记得添衣，从此便再无消息。

听到这个名字，小童不知何故，忽然一愣，没了回答。

过了一会儿，小童小心翼翼问："大人弹曲子一定很好听吧？"

很好听。

最初听见这个词的时候，他正抱琴走在滔滔秋水岸，江风拂衣，仿佛那长伴他几十载的孤独，再次从四方猎猎席卷而来。世人只说伯牙善鼓琴，琴声六马仰秣，放眼这山河，能听懂其中真意者只有寥寥一人而已。

好似文人酒醉提笔，看客皆称赞其用词高深，拍手叫好，满堂热闹，却无人读懂字里行间渗出的悲欢喜乐。

天才——这是伯牙从年少起便听腻的词，那时他向知名琴师成连学习琴艺，短短三年便名动四方，连师父都再无可授。少年伯牙却觉得，自己的曲子里总少了一两分真挚的情感，并为此感到愁苦，终日守着琴，郁郁不展眉。

究竟少了什么样的情感呢？

难道是自己这一路走来，都太顺风顺水了吗？还是因为自己不融于人群的怪脾气？

寡言的天才少年想不通。

眉宇间的愁色终于被成连发现，于是师父带他乘舟去东海，说要寻访传说中的仙人。少年对仙人的存在半信半疑，但师父神色笃定："仙人就住在东海的一座岛上，到时你跟着他继续深造，必定能琴艺大增。"

某日，二人带着食物登至一处孤岛，成连将伯牙留在陆地上，叮嘱他："你先在这蓬莱山下等我，我去接仙人，马上回来。"

少年伯牙点头，孤身站在浪声滔滔的岸边，目送师父划船渐渐消失。

一晃多日，师父没有回来。

独处对于伯牙来讲并不是很难的事，在这荒无人烟的蓬莱山独自等待，恰好能与自己最心爱的瑶琴相伴。但师父的失踪难免让他感到难过，少年坐在礁石上，抚琴眺望大海，见碧波汹涌，再回望蓬莱山，见山雾空寂，鸟儿哀鸣。

这些日，每天临海抚琴，与飞鸟走兽为伴，傍青山而眠，才知道天地原来如此真切。

伯牙将指尖抚在琴弦上，一时不禁感慨良多，触景生情。此时天地间仿佛只有他一人，这万物、宇宙……仿佛要诉说什么，便要借他的手化作潺潺琴曲，在人间留下一抹绝响。不知不觉间，伯牙指尖下的琴曲竟即兴而成。

他弹的是青山，是飞鸟，是瀑布，是万物之声，也是他自己的心弦。

我见山是山，我见山又不是山，眼中万物随我琴弦勾勒，亦如白马入芦花般自然。

这一刻，伯牙终于领悟了长久以来自己缺乏的情感，那便是与万物移情，原来师父是有意将他留在蓬莱山的！之后，成连也果然掐算着日子乘舟回来了，少年激动道："师父，您带我来这儿的原因，我已经明白了，是想让天地万物当我的老师啊！"

克服了这一关，伯牙的造诣日渐高深，他作《水仙操》等曲，被人尊称"琴仙"。

伯牙觉得，自己的心迟迟没能走出那座孤岛。

当年蓬莱山随他共鸣，所以他坚信，曲子与万物皆有联系，他想借巍峨曲调形容自己志如高山，他想以潺潺之音倾诉自己愁似江河……可无论诸侯将相、平民百姓，他们能抚掌称赞的都只有那句"好听"。

世间最寂寞的，莫过于当你燃烧了自己时，路过的人只看到了烟。

"大人，大人？"小童的呼唤声将伯牙走神的思绪拉回，他神色为难，轻声问，"您和钟子期是交情很深的朋友吗？"

伯牙想了想，笃定点头："我和他只见过一面，但足以互称知音。"

去年今日，他为那人在汉江口弹琴，夜色下江水汤汤，山色苍苍，那人音容亦如皎月朗朗，合着琴音，精准无误地一语道破此间真意。

距离汉江口还有一段路，伯牙难得起兴，对小童说起与知音相逢的故事。

时辰稍向前推移，他当时乘官船回楚国探亲，恰逢风浪，便停泊于汉阳某座山坡下。见江上月色迷人，伯牙便独自在船头抚琴，正弹响《高山流水》之曲，岸边突然多了个抚掌赞叹的身影。

"好！"

话音刚落,一根主弦突然崩断。

伯牙有些不悦,定睛望去,见这男子穿着晋国当地百姓衣裳,手持劈柴斧,约莫比自己年长,应是此地的山野樵夫。远远听见琴声,如痴如醉,便流连忘返。

当时自己并不想多加理会,换好断弦,继续弹奏。

那樵夫倒也毫不介意他的冷淡,自顾自地听着。

指尖扫弦,他正在脑中肆意遥想高山巍峨,忽闻船下那人朗声赞叹:"好!峨峨兮若泰山!"

伯牙一惊。

琴调微变,再想象壮阔流水时,又闻船下那人赞扬:"洋洋兮若江河!"

伯牙心中震颤,抚琴呆愣许久,好似多年来无处倾诉的心情,突然被对方一语道破,无处遁藏。他连忙起身,嘱咐侍从说自己要下船一趟,便抱琴速速朝江岸走去。那樵夫果然未离去,笑着在原地等待,似乎看出伯牙平素寡言,先自报家门。

"楚人钟子期,一介山野樵夫。"

伯牙尊敬地回答:"伯牙,晋国上大夫……也是楚地生人。"

这些年自己潜心弹奏,多是与万物共鸣,和人交心反而少,只觉得自己能以领悟山水之情,而世人大多没有。不料在此地竟能遇到钟子期这样的知音,原来他日夜与这山林众生作伴,每日共情,所以也知晓其中真意。

伯牙觉得自己的灵魂一直被困在那座蓬莱孤岛上,而如今,终于有另一个灵魂大步踏浪而来,将自己孤独的心思拽回尘世。

世人皆称他"琴仙",只可远听曲,不可近其人,疏离而高远。殊不知,琴仙在那个明月夜,曾自愿落入尘世,与凡人彻夜长谈,把酒言欢。

不觉间,侍从提醒:"大人,是该动身的时候了。"

两人回过神,才发现原来已是东方熹微。

两厢不舍,伯牙想了想,殷切邀子期同去晋国,好朝夕共论琴音,钟子期虽流露出向往之意,却无奈于上有高堂赡养,下有兄弟姐妹,离开也割舍不得。

"伯牙兄,不如做个约定?"钟子期很快振作起来,拍拍他的肩,朗笑道,"来年中秋你再来这汉江口,琴声一响,我便知道是你来了。到时咱们重逢,我带你回我家，尝尝我爹酿的好酒！"

伯牙心中动容："好，来年中秋，一定！"

故事讲完了。

小童迟迟未语，半晌，才迟疑道："大人，您知道吗？我们这儿去年秋末闹过疫病……不少人都染了急病。"

抱琴临近汉江口，伯牙的步伐越发慢下来。

说不清的怯意。

是近友而情怯，还是因为……心中的猜测越发清晰？这一年来，钟子期没有理由不给自己回信，除非是那一封封寄出的尺牍，其实早已无人阅读。

子期啊子期，我们不是约好了吗？

他垂了垂眼，轻声道："不清楚。"

小童并未看穿他眸底思绪，急切道："大人，子期哥已经……"

"我再等等。"在小童不解的目光里，伯牙抱琴坐在熟悉的礁石上，温声道，"你回家吧。"

渔民说，那位来自晋国的大官在汉江口弹了一天一夜的琴，琴弦染血。

若我一直守在这江边，子期，你会不会赴约？

中秋月夜，江水拍岸。

秋鸟哀鸣，东方熹微。

知音未赴约。

次日，伯牙终于来到钟家时，白发苍苍的钟父捧出一坛自酿好酒招待他，面容哀伤："大人，去年吾儿兴高采烈地回家，说在江边遇见了一位值得结交毕生的知音，托小老儿早早酿酒备好，以供今年中秋与大人开坛共饮。"

钟父颤巍巍地捧出那些竹简："不久后，吾儿便染急病去世了，咽气前，还托我一定将他的墓修在江口，嚷着来年中秋也要听大人弹琴哩！这些信，我都好好收着……"

子期，你是否也曾像我这般万分期待？

伯牙默然。

原来他一直心心念念弹琴给那人听，却不知，那人早就不在了。

伯牙抱琴来到墓前的时候，周围已乌泱泱地围了许多村民，他们听说居然有上大夫来祭奠钟子期，便来看热闹。见伯牙丝毫不悲戚，也不号啕大哭，居然还从容地坐下弹起琴来，村民们议论纷纷，"这大人物的心态就是不一样啊，都不掉眼泪！""曲子还挺好听！"

你走之后，还有何人懂我高山流水之意？

世间懂我者绝矣！

在村民们震惊的目光中，这位温润寡言的琴师突然手指重重一扫，琴弦皆断，他再高高举起瑶琴，决然砸向大青石，那自年少起便相伴伯牙的瑶琴，应声粉碎，余音低泣，散于天地。

摔碎瑶琴凤尾寒，子期不在对谁弹！春风满面皆朋友，欲觅知音难上难[1]。

伯牙仰天一声长叹，在众目睽睽下，决然拂袖而去[2]。

他不会知道，自己今日绝弦之举，将被后人传唱，人人皆羡慕高山流水遇知音，他也不会知道，"伯牙"这个名字终究会与"钟子期"一起流传千古，成为史册中淡淡的一笔。

再后来，后人合称他们为"知音"。

子期，便用这琴来祭你吧。

今朝你在泉下，且将它收好。待他年我也辞别这人间，再亲手弹给你听。

---

[1]《俞伯牙摔琴谢知音》。

[2]《吕氏春秋》：伯牙鼓琴，钟子期听之，方鼓琴而志在太山，钟子期曰："善哉乎鼓琴！巍巍乎若太山。"少选之间而志在流水，钟子期又曰："善哉乎鼓琴，汤汤乎若流水。"钟子期死，伯牙破琴绝弦，终身不复鼓琴，以为世无足复为鼓琴者。

GAO SHAN LIU SHUI

高山·流水

·正在循环播放·

《高山·流水》演奏会预览

094 落花逢知己 | 琴音和鸣

LUOHUA
FENGZHIJI

执手
江山
第三单元

ZHISHOUJIANGSHAN

头衔：白衣卿相、神童道长

性格：老成持重

事迹：解救李勉、荣登宰相

头衔：乱世皇子

性格：谨慎沉稳

事迹：收复两京

    李泌大婚那夜，没人知道，他这个先皇蹲在房外看了一宿月亮。

    "长安一片月，万户捣衣声。"

    写下这首诗的李太白因为去水里捞月，走得很潇洒；而同年病逝的李亨，却因对某人的执念而徘徊不去。

    没人能看见他。

    他只是一缕自大明宫飘来的执念，如今，天下唤他"肃宗"。

    这一生他有许多名字，譬如李亨，但他更喜欢最初的名字——李嗣升。在世时，他很想让李泌唤一次试试，就像他唤李泌"长源""先生"那样随心，但这愿望注定无法实现。

    他是李隆基的第三子，大唐第七位皇帝，这辈子都活得如履薄冰。从出生就经历一劫，当时李隆基只是太子，由于被参堂堂太子沉迷女色，难成大器，一度弄药想要让李亨胎死腹中。

    但幸好李隆基做了个祥梦，太师张说解梦为"好兆头"，这才让李亨死里逃生。但出生后，李亨就被抱离生母身旁，因为她只是太子姬妾，真正有地位的太子妃还属王氏——她视李亨如己出，让他的童年并不十分辛苦。

    牙牙学语之际，王氏总会唤他"嗣升"。在龙袍加身的蹉跎岁月里，李亨每每忆起这两个字，内心便会浮起恍若隔世的温柔。

自两岁封王,五十二岁驾崩,这些年再无人唤他"嗣升"。

而李泌先生,字长源,是位天纵奇才,据说小小年纪便悟了道,性子清冷,去留无意,与李亨步步为营的谨慎作风截然不同。传说李泌小时候轻盈得能站在屏风上,天生仙骨,十五岁要被接走飞升的,吓得他家人忙泼蒜汁,想赶走神仙。

李泌七岁便能出口成章,李隆基召见他时,让其以"方圆动静"为题作赋。

"方若棋局,圆若棋子,动若棋生,静若棋死。"

那年李亨十八岁,在安国寺附近的十王宅读书,十王宅专为杜绝皇子参政而建,当时成年的皇室子嗣都须在此集中居住。听下人说,殿上那位玉琢仙童似的小孩,听完题目后,面不改色,出口就接:"方若行义,圆若用智,动若骋材,静若得意[1]。"

李亨听了大为震惊。

李亨还听说,老宰相张九龄对这孩子喜爱有加,经常找他一起聊天。那时张宰相和严挺之、萧诚的关系很好,有次毫不避讳地在孩子面前自言自语:"这严挺之也太刻板刚直了,哪有萧诚软美可喜。"

不料李泌小小年纪,说话却无比通透,张口反问:"宰相您布衣入仕,是因为正直才官至高位,如今却喜欢软美的人吗?"

老头儿惊讶又惭愧,连连认错,唤李泌为小友[2]。

李亨知道后,拍案叫绝。

真正见到李泌时,他已近而立之年,而李亨也从青年步入不惑。

前半生,李亨小心翼翼地活着,终于熬到二哥李嗣谦被废杀。登上太子之位后,李亨却依然不得不防着朝堂内外的明枪暗箭,尤其是拥护李瑁的李林甫之流。

但李隆基注定不会压制李林甫嚣张的气焰,因为太子锋芒太盛,若无人牵制,总归会威胁到他的皇位。所以,每次李亨都只是沉着地亲力应付,从未上表告状。

---

[1]《新唐书》:泌既至,帝方与燕国公张说观弈,因使说试其能。

[2]《新唐书》:张九龄尤所奖爱,常引至卧内。九龄与严挺之、萧诚善,挺之恶诚佞,劝九龄谢绝之。九龄忽独念曰:"严太苦劲,然萧软美可喜。"方命左右召萧,泌在旁,帅尔曰:"公起布衣,以直道至宰相,而喜软美者乎?"九龄惊,改容谢之,因呼"小友"。

而李亨那些年在高处如履薄冰，步步为营，致使早生白发，最后他的付出终于得到了认可。

想来这便是帝王家的悲哀吧。李亨飘过万户人家，看着寻常百姓的悲欢离合，父与子和睦无隙，妻与郎举案齐眉，才惊觉原来不是人人都费尽心机，尔虞我诈。

何时我也能找到一个能互相掏心掏肺的朋友呢？

或许是上苍冥冥中听见李亨的心声，才将长源安排到他身边，这喧嚣吵闹的皇宫好似忽地下了场雪，静谧不少。

唐天宝十载，云游于名山大川的李泌忽起入仕之念，李隆基命他待诏翰林，出入东宫，正好能与李亨做伴。当时李亨脑子里幻想的仍是"粉雕玉琢似的仙童"，而他真正见到的，是一位玉琢似的白衣道长，眉淡似云，神似霜雪。

李泌淡淡向他行了礼："太子。"

毕竟初识，李亨那时很拘谨，客客气气唤了声："先生。"

两人一拍即合，从此同出同入。李泌性子清冷不爱说话，每次开口却极有道理，令人信服。李亨对他的称呼不知不觉从先生变成了长源，而李泌依然清清淡淡地唤李亨"太子"，看不出更多情绪。

李亨和长源这次初识，相处时间并不长。当时李林甫虽正垮台，杨国忠之流却依然还在朝中活跃，勾结党羽与李亨作对。很快，杨国忠污蔑长源写诗讽刺朝廷，将他遣往蕲春去了。

或许是初来乍到便厌倦了争斗，李泌一直向山水里隐去，没有回头，做他的隐士去了。

"长源啊长源……你当真要远离政事了吗？"李亨喃喃自语，"从此一别，何时再见呢？"

长源想远离的是这权力风波，而李亨恰是降生在风波正中央的人，他自幼习得如何在波诡云谲的局势中生存，守在这风雨飘摇的东宫，半只脚已沾满泥污，追长源不得。

外人可追，唯他不可。

再见已是乱世。

唐天宝十四载，在李隆基晚年日复一日的享乐中，盛唐的伪象终于被安禄山一脚踏破，平日跳胡旋舞装傻的汉子露出獠牙，仅一年便领兵朝潼关攻来。趁李隆基仓促逃经马嵬驿，李亨忍无可忍，提刀谋划兵变，趁机宰了杨国忠与杨玉环，分兵颠沛到灵武，决定乱世称帝。

李隆基太老，糊涂了。

这大唐，是时候易主了。

杀伐决断尽，收刀血未干，在灵武城的南门城楼，李亨静静地看着幸存下来的百官高呼皇上万岁，却忽然走神想起那个避世的身影来。

仙人会不会见苍生苦，便出山救济乱世？

登基后，李亨派人四处寻找李泌的踪迹，不料李泌竟也恰好到了灵武。再见面，他依然是仙风道骨的模样，眼里却添了几分重逢的淡淡笑意。

他会是最好的宰相。

长源这次来助李亨平天下，却不愿接受授任的一切官职，只愿自称友人，以一介白衣辅佐君王。李亨知道他是个聪明人，看倦了权力纷争，他有自己的生存方式。从天下国事到朝中任职，李亨都坦诚地与他商量，他们出入同驾，人尽皆知。

人们指着皇帝的辇舆："你看！黄袍的是皇上，白衣的是仙家[1]……"

李亨朝长源瞥去，见他神色从容，看不出多少神思。

"长源？"李亨唤他。

他回过头，淡淡回望："陛下。"

李亨忽然想起之前他承诺李泌的事：俟平京师，则去还山[2]。

李亨想了想，只笑了笑。

如此，便很好了。

后来那些年，李泌都尽心尽力地辅佐李亨，直到沦陷的两京被顺利收复，直到

---

[1]《新唐书》：入议国事，出陪舆辇，众指曰："著黄者圣人，著白者山人。"

[2]《资治通鉴》卷二百一十九。

这大唐恢复了昔日神采。征战的日子里，李亨握着刀，要生生从混沌中劈开一缕天光，而长源就是那个助他握稳刀的人。

仙鹤终究要飞到云端去。

化作一缕执念后，李亨无数次望向明月，突然想起那夜，他拉着长源兴冲冲地要吃火锅，还找来三个弟弟一起同乐。吃火锅嘛，人多才热闹，可李亨忘了长源极少食人间烟火，他静静陪着，却不吃一口荤腥。

失策了。

李亨急中生智，抓起两颗梨亲自烤了："来来来，长源，给你吃这个。"

三个弟弟不高兴，吵着说也要，被李亨凶了回去："先生辟谷呢，吃这个，你们吃肉不就行了？"

"大哥，我们就试试你是不是偏心！不然……我们兄弟仨只要你一颗梨，怎么样？"

给长源两个就是两个，一个都不能少！李亨急了，朝他们吼："去去去，吃别的去！"

三个弟弟：……

他们居然幽幽地作起诗来，一人一句："哎……先生年几许，颜色似童儿。"

"夜抱九仙骨，朝披一品衣。"

"不食千钟粟，唯餐两颗梨[1]。"

什么跟什么！

见长源垂目拿着两颗梨微笑，李亨的心情忽然好了许多，学着三个弟弟淡淡吟道："天生此间气，助我化无为。"

给好友烤个梨，落在帝王的手上便无比尊贵。好在长源宠辱不惊，李亨可以暂且放下帝王身份，毫不拘束；而在李亨做错事的时候，长源也会直接指出。

或许这就是朋友吧。

---

1 《赐梨李泌与诸王联句》。

李亨登基不久后，有天夜半惊醒，原来是做了个关于李林甫的噩梦。他大怒唤人："把那厮的尸体给我挖出来挫骨扬灰！"

谁也压不住他的怨气，宫人们瑟缩不敢言，直到他们哆哆嗦嗦地说："陛下，李长源求见……"李亨才勉强能听得进人言。

不料长源一开口就是说教："陛下，如今身为天子，便不应该念及昔日的愁怨了。若不能用宽广的态度示人，陛下又该如何治理天下？"

李亨错愕地看着他淡漠的神情，喃喃问："长源，难道你忘了旧事吗？"

李亨的眼神分明在说："昔日我为太子，受李林甫百般迫害而早生华发，而后杨国忠之流又逼得你远逐青云之间。长源，我们在恶人手里所受的苦难，我的痛苦，难道你并不在乎吗？

"长源啊长源，莫非你只是尽君臣之礼，从未把我……当成你的挚友？难道我自以为已将仙鹤留在龙椅旁，只是自以为？"

对视中，李泌抬头缓缓说道："陛下，臣所考虑之事不在这些。太上皇坐拥天下五十年，本就年迈失意，若听闻陛下为旧怨而报仇，心中郁郁，万一因此落下病，这天下人就会说，陛下如今坐拥天下，却连照顾亲人都做不到。"

李亨一愣，如梦方醒。

是啊……若一步走错，这天下该如何看待他！

长源平静说罢，垂了眼，站在李亨面前。

李亨不觉间鼻子一酸，跑下台阶抱住他的脖子："朕……实在没想到这些啊！"[1]

那天，李亨像个老头子，絮絮叨叨地跟他倾诉，从当太子时的小心翼翼，连吃口饭都要刻意讨父皇欢心，到被奸臣迫害后的无数个失眠夜……

---

[1]《新唐书》：初，帝在东宫，李林甫数构谮，势危甚，及即位，怨之，欲掘冢焚骨。泌以天子而念宿嫌，示天下不广，使胁从之徒得释言于贼。帝不悦，曰："往事卿忘之乎？"对曰："臣念不在此。上皇有天下五十年，一旦失意，南方气候恶，且春秋高，闻陛下录故怨，将内惭不怿，万有一感疾，是陛下以天下之广不能安亲也。"帝感悟，抱泌颈以泣曰："朕不及此。"

"朕半生操劳，白了头发，恐怕要先你一步喽。"夜半无外人，李亨苦笑着喝酒，"长源，你是仙家，百年后会不会来接朕走？"

长源话不多，坐在对面静听着，深邃的眸中好似闪了一下，又或许只是那夜烛火倒影罢了，李亨看不太清。

李泌是修道之人，或许早已预见李亨短暂的帝王生涯只有六载而已，而在这六载中，李亨能给他的着实不多。

收复两京前，李亨曾问李泌想要什么赏赐。

"臣想要的，和其他人都不同。"他坦然与李亨对视，"功名利禄皆不是臣想要的，等收复京师后，只愿枕天子膝睡一觉，让天上的神仙禀奏有客星犯帝座，一动天文足矣[1]。"

听了李泌的回答，李亨笑个不停，故意没说好，也没说不好。

昔日光武帝刘秀与严子陵是布衣之交，某日他们同榻而眠，严子陵将腿放在光武帝身上，隔日天文官吓得急奏："有人谋取帝位！"

李亨忍不住想：长源啊，你想"谋取"我这个皇帝吗？让他们都知道你是那个客星？

得等一个好机会。

不久后李亨去找长源，听说他睡着了，便命人不要惊醒。随后，他悄悄爬上床，看着长源的睡容，轻轻捧起他的脑袋放在自己的膝上。

良久，长源悠悠醒来，李亨第一次看见他如此惊讶的表情。他忍着笑，一把按住想起身谢恩的长源："天子膝已枕，先生何时助我收复长安呢[2]？"

可两京收复之后，身处朝堂，难免有些人盯上了长源。

1《邺侯外传》：泌曰："若臣之所愿，则特与他人异。"肃宗曰："何也？"泌曰："臣绝粒无家，禄位与茅土，皆非所欲。为陛下帷幄运筹，收京师后，但枕天子膝睡一觉，使有司奏客星犯帝座，一动天文足矣。"肃宗大笑。

2《邺侯外传》：肃宗来入院，不令人惊之，登床，捧泌首置于膝。良久方觉。上曰："天子膝已枕矣，克复之期，当在何时？可促偿之。"泌遽起谢恩。肃宗持之不许。

长源便如约向李亨辞行。

临别前，长源劝李亨不要悲伤，他会有再出山那一日，只是……

"只是朕看不到了，对吗？"李亨问。

长源微微点头。

李亨想了想，许他俸禄与宅子，长源并不稀罕。若长源不愿回归尘世，那便放歌于白云之间吧，无拘无束，那才是仙家的日子。

长源淡淡地谢了恩，就像来时那样荣辱不惊，来去随意。

他没有回头。

史官有记，这大概就是李亨与长源的最后一面吧。

李亨的病近来越发严重。

史官不知道，离去之前，长源偷偷留给李亨的礼物——一颗烤梨子，焦了。

遥想他守着火堆独自烤梨子的样子，李亨想笑，他望向长安城尽头的天边，一片白茫茫。

"想提个帝座犯客星的请求，长源，你叫我一声嗣升好不好？"

但李亨没说。

真想看着长源再入世啊。

这居然成了李亨的一缕执念。

李亨驾崩时，长源已隐居数年。没料到，继任皇帝李豫二话不说就召长源回朝。怕他对尘世没有留恋，李豫不仅强行命令长源吃荤食，还赐婚让他娶妻成家[1]。

天子之命不可违。

长源的表情依然淡漠，他甚至连眼皮都没有抬一下，只是淡淡地垂目接了旨。李亨虽是一缕执念，但心里蓦地不是很自在，想连夜回宫骂骂小兔崽子。当夜，半

---

[1]《新唐书》：代宗立，召至，舍蓬莱殿书阁。初，泌无妻，不食肉，帝乃赐光福里第，强诏食肉，为娶朔方故留后李晖甥，昏日，敕北军供帐。

只脚刚踏进大明宫，李亨就见宫里僧人们惊呼有脏东西，嚷着护驾。

李亨心中一惊，回头看空空如也，才发现自己这个先皇就是他们口中的脏东西。

"什么脏东西！大胆秃驴，你们先皇怎么成了脏东西？！"

看着他们锃亮的脑门儿，李亨忽然很后悔自己生前迎奉佛骨。

李亨怕他们动真格，默默飘回了长源家，瞧见他彻夜挑灯夜读，嘴角好像淡淡扬起。

再看，好像只是读至兴起而已。

李亨看着长源吃完盘中肉，看他解下白衣换上婚袍，看他抱着那小小的婴儿，取名繁儿……一晃入世经年，几度离京几度重用，长源似乎已是个尽责的凡尘宰相，可他的眼神一如之前，像长安城上空的悠悠流云。

留不住的人，终究留不住。

长源活到六十八岁，死于尘世间，李亨的执念也终于要消散了。

宰相李泌闭眼这夜，月色很好，哭声满长安。

"长源……"李亨站在满地飘飞的纸钱里，看着棺材，喃喃自语，"朕走了。"

朕就要消失了。

"嗣升。"身后忽然传来一声轻唤，那人面上微微带笑，待李亨错愕回头，便猝不及防地在白衣仙家那双深邃瞳孔里，看到了自己的倒影。

"一起走。"

·正在循环播放·

《梦丹书》舞蹈MV

106 落花逢知己|执手江山

刘备

- **头衔**：蜀汉开国皇帝、编草鞋小能手
- **性格**：弘毅宽厚
- **事迹**：三顾茅庐、建立蜀汉

诸葛亮

- **头衔**：第一军师
- **性格**：腹黑多谋
- **事迹**：草船借箭、空城计

—— 执手江山 玄亮采访栏目 ——

欢迎来到本期时空采访，我们这次回溯到公元234年8月，请到了大名鼎鼎的重量级嘉宾！

◆ **特邀嘉宾**：已经退圈的 @刘备

◆ **本期嘉宾**：@诸葛亮

主持人：两位嘉宾正式见面之前，连麦介绍一下自己吧？

刘备：先生？那边真是您？咱们蜀国可安好？禅儿可还好？

诸葛亮：先帝白帝城之托，臣片刻也不敢忘却，一直教导那孩子不要妄自菲薄，要当个明君。至于如今天下大势，臣近年向禅儿上《出师表》，数次北伐……

主持人：两……两位……先给你们点时间叙叙旧，平复一下情绪。

刘备：刚才听到先生的声音，激动了，抱歉抱歉。我叫刘备，字玄德，是中山靖王刘胜的后人，也是蜀国的开国皇帝，因为我生前待人友善亲和，听说后人都亲切地叫我备备或刘皇叔。

诸葛亮：大家好，我叫诸葛亮，字孔明，号卧龙，琅琊阳都生人，是蜀汉的丞相。

刘备：不知后人会怎样称呼先生？

诸葛亮略一思索：亮亮？

刘备：噗——

主持人：咳咳，备备和亮亮的故事是什么样的？

刘备笑道：遇到丞相是建安十二年，那时候我已经四十有六，是个大叔喽，回想先生那年才二十六，风华正茂。过会儿见面，怕是能看到先生也满头华发的样子了……

诸葛亮轻咳。

刘备：您怎么咳嗽了？

诸葛亮淡淡答：风凉，无妨。

刘备睁开双眼时，岁月竟已蹉跎了千年，眼前早已不是白帝托孤时的病榻。

"丞相在哪儿？"这是他苏醒后的第一句话，"蜀国……还有丞相如何了？天下是否归汉？"

自称主持人的后人没有回答，而是带他来到公元234年的秋天，说一直往前走就能见到故人。

眼前出现了一片无垠的星空，这里是五丈原。

北伐的将士们说着先帝生前事，刘备微愣，眼前却浮现出故乡那郁郁葱葱的大桑树来，有个布衣小童指着华盖似的树顶，朗朗出声："吾必当乘此羽葆盖车！"

这话可是大逆不道，惊得孩子的叔父连呼熊孩子，捂他的嘴[1]。

刘备暗笑好志气，谁家的小孩？

不对……好像是我自己。

---

[1]《三国志》：先主少孤，与母贩履织席为业。舍东南角篱上有桑树生高五丈余，遥望见童童如小车盖，往来者皆怪此树非凡，或谓当出贵人。先主少时，与宗中诸小儿于树下戏，言："吾必当乘此羽葆盖车。"叔父子敬谓曰："汝勿妄语，灭吾门也！"

刘备想起，他的童年是在草席里度过的。父亲早亡，自己随母亲织草鞋为生，而母亲怕自家娃因穷而丧了志气，每天唠叨："崽啊，按着辈分你可是汉献帝的族叔！"

这着实惊到了还是小屁孩的刘备，原来我就是汉室认证的在逃皇叔！

东汉末年，狼烟四起，各路英雄大显身手，不妨现在就拉一群好兄弟加入战场！刘备兴奋不已，出门在外逢人便说："我，在逃皇叔，打钱。"

"你是汉献帝他叔，我还是汉献帝他舅呢！"

刘备："……"

旁边的乞丐嘿嘿一笑："真巧嘿，前几天有个表演胸口碎大石的，也是靖王后代。"

刘备："……"

原来中山靖王荒淫无比，他共有多少个儿子？一百二十个，子子孙孙无穷无尽……等等，原来先前那人还真是汉献帝他舅？

但刘备并不沮丧，拥有这个姓氏已足够幸运，因为要起势必先造势，歪一点儿就造个"苍天已死，黄天当立"，像他这种有先天条件的，自然就要打着匡扶汉室的名号了。凭这个出身，日后争天下便名正言顺，哪儿像曹家孟德那样，名不正言不顺的。

曹孟德：阿嚏。

长大后，刘备游学拜师，结交好友，靠人格魅力获得诸多豪杰的慷慨资助，进而招兵买马，又与关张二人共同带兵镇压黄巾军。本以为排位会一路飙升，谁知……若后人来讲，大概就是"排位卡着上不去"的心酸吧。

想起人生的第二时期，可以用"四处抱别人大腿"来形容，刘备每次都输得很彻底。

曹操在东郡当太守的时候，刘备刚被青州刺史田楷赐了个平原县令。

孙策准备在江东创业的时候，刘备那年三十岁，依然在田楷手下做事。

兵力不多，魅力还是足够的，刘备记得自己还征服过刺客。虽然那时他并不知晓那人是刺客，只当是来访的平民，并以礼相待，将对方感动得一塌糊涂[1]。

"我糊涂啊呜呜，居然想要杀您这么仁德之人，我……我不是东西……"

后来刘备常常会想，十岁的诸葛亮是什么样？会是个在爹娘膝下玩耍的聪慧小童吗？还是因为早慧，早早便学会了如何像大人那样沉稳处事？

不对，闲聊时先生好像说过，因三岁丧母八岁丧父，他和弟弟跟随当官的叔父远离家乡，用稚嫩的双眼过早地见识了乱世的烽火。

"生在乱世，又有谁能独活呢？"

那时，他们于战前对坐小酌，先生的语气依然云淡风轻，他垂目微笑道："出征前最后再喝一杯吧。"

或是帐内军酒太烈，或是眼前人的笑容恰如美酒，刘备没料到竟会是自己先醉，醉眼蒙眬中，他恍惚看到孔明自斟自酌，安静地喝了不少辣喉的烈酒。

想想遇到先生之前的半生，可谓心酸。

北海相孔融被黄巾余党围困，向这边求救，刘备的第一反应是："哇，孔融居然知道世上有刘备这人！等着，大佬，我赶紧派三千精兵支援你！"

论圈子内小透明的心酸。

后来在陶谦的举荐下，刘备好不容易熬成了徐州牧，只不过……还没来得及惊喜，刘备就被一位套马的汉子给反水抢了地盘，他叫吕布。

吕布被曹操打得逃来徐州，才给刘备递了简历，谁知这小子不讲道理，趁刘备对付袁术之际，突然偷袭徐州，自己上位成了老板。此后，根据刘备对自己的威胁程度，吕布的行径飘忽不定，像极了一个"时而对你好，时而对你坏"的PUA渣男。

例如，每当刘备暗搓搓积攒势力想对付他的时候，吕布总会敲打他一番，还得意扬扬地放话："贤弟啊，就喜欢你看我不爽又干不掉我的样子。"

刘备："F……F……福如东海，寿比南山。"

---

[1]《三国志》：使与青州刺史田楷以拒冀州牧袁绍。数有战功，试守平原令，后领平原相。郡民刘平素轻先主，耻为之下，使客刺之。客不忍刺，语之而去。其得人心如此。

忍了两年，刘备才找到了新的伙伴曹操，打败了吕布。

后来，刘备静静地看着吕布被五花大绑，踉跄着押到曹操面前，嚷着要求松绑。

"曹公得我，可得天下啊！"

曹操沉思。

刘备："……你迟疑的样子让我有点慌。"

于是，在吕布不可置信的注视下，刘备微笑着款款上前："您知道吕布是如何侍奉丁建阳与董卓的吗？"

【刘备】放出雷神之锤，实锤吕布黑料成功！

曹操："你说得对。"

"大耳贼最不能信啊，打天下的事儿哪能相信背后捅刀子的人——"

吕布撕心裂肺的叫喊声渐渐远去了，取而代之的是一抹久违的血光寒芒。刘备记得那时自己三十七岁，已不再是当初恣意张扬的少年，心中毫无波澜，对人情世故了然如明镜，从此这东汉舞台上，又少了一位看似主角的人物。

这乱世中群雄逐鹿，生命便如狼烟般一吹易散，又有谁敢说自己就是命定的主角呢？

这一年，孔明的生活会是什么样？刚满十七岁的青年隐士，是白日放歌长啸，还是披星扛锄而归？不知夜观星象时，孔明会不会料到，此后会有个一穷二白的主公，为了求贤，亲自远道而来拜访他三次。

甚至，得知孔明正在屋中睡觉，那位主公竟连大气都不敢喘，只是静静守在门口，时不时悄悄问童子："卧龙先生……醒了没有？"

君臣长伴几十年，刘备笑说当年，孔明的唇边便会扬起一丝笑意。

在他们不曾相遇的时候，刘备隐忍内敛的日子仍在继续。

衣带诏[1]、青梅煮酒论英雄[2]……在曹操集团里就职的日子可谓举步艰难，

---

1 《三国志》：先主未出时，献帝舅车骑将军董承辞受帝衣带中密诏，当诛曹公。

2 《三国志》：是时曹公从容谓先主曰："今天下英雄，唯使君与操耳。本初之徒，不足数也。"先主方食，失匕箸。

刘备的种菜知识倒是增加了不少。一山不容二虎，哪怕他致力于种菜事业，曹操也总能从他施肥浇水的侧影中看出那么一丝反骨和野心。

刘备："我只想做个安安静静种菜奔小康的美男子。"

曹操："别以为我看不出你骗人。"

刘备："你信我啊，我沉迷种菜……"

曹操："胡说，你根本不是美男子。"

刘备："……"

后来，青梅煮酒的雷雨夜——

"今天下英雄，唯使君与操耳！"

曹操大笑，刘备心头一震，拾起不小心掉落在地的筷子，不觉间已是冷汗满身。他心知曹操的话中杀机毕露，此时不走，更待何时！

与曹操决裂后，刘备投奔了新的盟友刘表，负责镇守新野县。生活依然起起落落……但此时的他已不再是那个小透明了，刘表对他日渐起疑。后来，刘备屡次劝刘表突袭曹操的大本营，刘表都把方案给否了。

心累，怎就不听呢？

汉末天下依然混乱，群雄依然纷争不休，但刘备的人生暂时进入了停滞期。他在荆州久居七年，不知不觉间，因为长久不骑马，腿上竟已生了赘肉。

比死亡更难以接受的是平庸。

刘备悲上心来——玄德啊，四十七岁了，你还记得当初的梦想吗？

他的心中始终有个指大桑树为华盖的少年，坚定不移地告诉他："记得，一直记得。"

七年到头，命运转折点终于姗姗来迟，命中注定的那人叫诸葛亮，号卧龙。

经司马徽、徐庶的推荐，刘备决定去寻诸葛亮。

面试完毕

主持人："孔明先生，你在隆中想必每日刻苦读书，不敢遗漏分毫知识点吧？"

孔明轻咳："观其大略。"

主持人："那……先生隐居多年，不见良主来，不会焦虑吗？"

孔明："那时与友人在林中放歌长啸，观天下大势，怡然自得。"

主持人（怎么不按套路来！）："……"

刘备："嘿嘿，他们隐士都这样。"

孔明笑道："至于良主……您看，我家主公这不就愿者上钩了吗？"

诸葛亮视角

醉酒时，诸葛亮曾与刘备提过，他的童年并不算幸福，战乱中他跟着叔父一路辗转搬到荆州。

叔父去世后，他便终日隐居隆中，每日与徐庶他们结伴同游，坐观天下。这附近的百姓都知道，山中有一群隐士高人。若逢阴雨，他们便留在屋里写字画画，或发明有趣的东西；若是晴天，他们便在林中抚琴长啸，唱歌以自乐。

"当隐士就是好啊，无忧无虑。"山民说。

诸葛亮并不反驳，只淡淡一笑，步伐悠悠，歌声隐隐。

"力能排南山，文能绝地纪。一朝被谗言，二桃杀三士[1]……"

其实，那是一首凄凄的哀歌。

刘备第三次来访那天，诸葛亮难得做了个美梦，梦里天下太平，海晏河清。

1《梁甫吟》。

当他从那场好梦中慢慢醒来，睁开眼，便看见了守在门口的那个人。

"今汉室衰败，奸臣夺权，我想伸张大义重整山河，奈何智谋不够，所以落败至今。但我满腔志向仍未平，先生，您可有计策帮我[1]？"

字字情真意切。

诸葛亮动容，决定出山。

二十七岁的诸葛亮，四十七岁的刘玄德。

属于蜀国的故事轰轰烈烈地开启了第二个序章，他提出的《隆中对》成了蜀汉几十年的国策；他在帷幄之间定下的妙计，刘备信服无疑……诸葛亮记得，因自己年纪尚轻，难免引起关张等人不满，也是刘备站在自己身前，耐心解释："我有先生，如鱼得水，望各位莫要再说了[2]。"

这话的分量无比深重——鱼若少了水，可是活不下去的啊。

此后，距今又过了多少年？

抗曹操、联江东、战赤壁、进汉中、立蜀国……岁月如流光飞逝啊。

在白帝城，弥留之际的刘备曾颤抖地握着他的双手，郑重说道："先生，您的才华是曹丕的十倍，必能定国成大事。此后我的孩子便是您的孩子，若禅儿值得辅佐，您便辅佐，若那孩子长大后没有才能……您可自立！"

"若嗣子可辅，辅之；如其不才，君可自取。"

古来君臣间关系微妙，不乏互相猜疑，尔虞我诈，有几位帝王能说出这样的话？君臣两不疑，此生不相负，放眼千年，也罕有如此完美的君臣组合。

诸葛亮很少落泪，可那日，他在众臣面前泣不成声："臣必竭尽全力，效忠贞之节，至死方休！"

---

1 《三国志》：由是先主遂诣亮，凡三往，乃见。因屏人曰："汉室倾颓，奸臣窃命，主上蒙尘。孤不度德量力，欲信大义于天下，而智术浅短，遂用猖蹶，至于今日。然志犹未已，君谓计将安出？"

2 《三国志》：于是与亮情好日密。关羽、张飞等不悦，先主解之曰："孤之有孔明，犹鱼之有水也。愿诸君勿复言。"羽、飞乃止。

四九完毕

主持人:"那……先帝逝世后,先生的生活又是什么样的呢?"

诸葛亮轻咳一阵,缓缓回答:"鞠躬尽瘁,死而后已。"

《隆中对》的最终目标,或许已很难实现了吧,诸葛亮本就是善于纵观大局之人,自然比任何人都看得透彻。

但他不后悔。

所以诸葛亮继承先帝遗愿,在内治理国家、辅佐后主,对外延续大业、北伐中原。

只要他尚在世,蜀国便不弃大业,那是当年他在茅庐中对那个人许下的承诺。

臣不负君。

"臣本布衣,躬耕于南阳,苟全性命于乱世,不求闻达于诸侯。先帝不以臣卑鄙,猥自枉屈,三顾臣于草庐之中,咨臣以当世之事……"写下《出师表》时已入冬,诸葛亮忽而恍了神,笔锋一顿,朝窗边抬头。

岁月随文字倒转,春光迟迟,那个自称刘玄德的来客正守在门口,小心翼翼地问童子:"卧龙先生醒了没有?"

诸葛亮哑然失笑,收回目光,继续提笔。

"受任于败军之际,奉命于危难之间,尔来二十有一年矣。"

回到公元234年

主持人:"在各位了解了本期两位嘉宾的生平后,我们本期节目就完美收尾了,剩下的结局还要留给两位当事人,咦……"

诸葛亮突然断线。

刘备急忙问道:"为什么先生总是咳嗽?史书上他是什么时候逝世的?莫非……"

脚步声匆匆远去。

诸葛亮视角

北伐大业未成。

听后人说过千年后盛世的景象，诸葛亮并不觉得很遗憾。

他只是欣慰天下终于太平。

他明白历史如车轮，纷争的乱世，跃马的豪杰，总会成为被翻过的几页史书，就像自己年少时读《管仲传》那样，如今，即将辞世之人换成了自己。

"丞相，您百年之后是由蒋琬继承，蒋琬之后……又有谁能胜任呢？"

"费祎。"

"费祎之后呢？"

当时，看着眼泪汪汪的李福，诸葛亮默然不语，是啊……蜀国之后还有谁呢？

自己终究还是舍不得这人间啊。

诸葛亮仰头，见那颗长星正摇摇欲坠。

他连年征战，未敢懈怠，待弥留之际才发现，原来这里的星空一直是极壮丽的。

一阵困意袭来，让他有些恍惚：那些采访、那些后人言、还有先帝的声音，莫非……只是又一场好梦？

八月，亮疾病，卒于五丈原，时年五十四。

你我之间，向来不曾辜负。

先帝，若我希望今夜这一切声音都是真的，您可会再纵容我一回？

所幸，他终于听见那人匆匆归来时的脚步声，一个熟悉的身影停在他面前，那人徐徐俯身，笑着握住他的双手："丞相，您果然也老喽。"

·正在循环播放·

《 北 伐 》 音 乐 剧 先 导 预 告

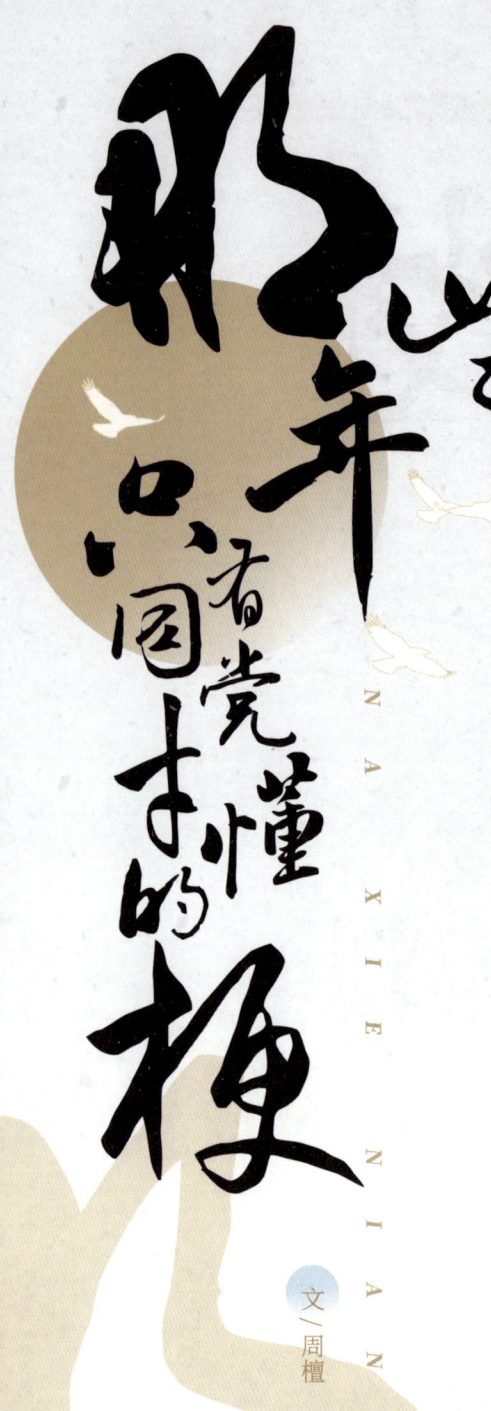

那些年，只有知己懂得的梗

文/周檀

ONE

羊角哀 × 左伯桃

嗑知己情就要嗑真的好吗，生死不弃的感情够不够真？

在春秋战国时期，两个心怀苍生的穷书生羊角哀与左伯桃于冥冥之中相识相伴，又相约共赴楚国求见楚王，想要以毕生所学谋官入仕，以安天下。

两人途经一座深山时，山中突然天降大雪。积雪掩盖了山路，将两人困在了雪山之中。天寒地冻，雨雪霏霏，两人身上的衣服都很单薄，带的干粮也快不够吃了。看着漫天飞舞、数日不绝的雪花，左伯桃深知两个人已绝无可能同时活着走出雪山。

于是，为了让学识更渊博的羊角哀能够走出去，实现他们共同的理想，在空灵雪夜的遮蔽下，在如刃刺骨的寒风中，左伯桃心甘情愿地脱掉了自己的衣服，将衣服和干粮都留给了羊角哀，自己冻饿而死。

左伯桃死去后，羊角哀悲痛万分，

恨不得当下就随挚友而去。可似乎是天亦有情，正在此时，山中竟雪霁天晴，山路重现。

羊角哀感念左伯桃的牺牲和嘱托，便忍住心中悲痛，带着左伯桃的遗愿来到楚国做了大官。而羊角哀在做官后所下的第一个命令，就是派人到当年的山中遍寻挚友的尸骨，将其厚葬。

后来，羊角哀终究舍不下对挚友的思念之情，便抛下楚王许的高官厚禄，重回深山，在挚友的坟墓旁边结庐而居，守护至死。[1]

自从遇到你以后，我已见过人间最美的理想。生死不弃，阴阳无隔，"羊左之交"不是说说而已。

TWO

汉武帝 × 霍去病

问这对感情真不真的，且看这段汉武帝视角的自白：

千年青史中，常有人批评我大兴干戈、劳民伤财。只有你懂得我平定匈奴、弘扬国威的理想，也甘愿拼尽全力去为我达成。

自你踏上为我实现理想的道路以后，我便常常只能看到你风尘仆仆的身影。我送你的良田美宅，你都不要；我派太官带去几十车佳肴美酒劳军，你也不答应。你自年少时就娇生惯养，却能在军营中与最低级的士卒同饮同食；你自幼体弱多病，却敢在战场上与最勇猛的将士一起冲锋陷阵。你跟我说："匈奴未灭，何以家为。"但我知道，你这么拼命，也是想让我开心。

嫖姚、骠骑、鹰击、冠军……

你所有的官职、封号都由我专门为你创设，而我最不想为你拟定的，是你的谥号。

你走了，我不信，可也终究不得不信。你走的那天，我破例下令让你最熟悉

---

[1]《烈士传》载："羊角哀、左伯桃二人为死友，欲仕于楚，道阻，遇雨雪不得行，饥寒交迫，自度不俱生。伯桃谓角哀曰：'俱死之后，骸骨莫收，内手扪心，知不如子。生恐无益而弃子之能，我乐在树中。'"

的军阵送你最后一程。后来,我又专门设了奉车都尉一职伴驾左右。终我一生,奉车都尉都只由你的亲眷担任。我一直试图从你的同宗血脉中寻找些什么,可他们,终究不曾有过跟你一样的身影。

"至人逝兮仙乡。天路远兮无期。不觉涕下兮沾裳。"[1]

你在时,我未曾许过你安稳人生;

你走了,我能给你的,也只剩这悼诗几行。

THREE 曹操 × 袁绍

楼上的,就算你搞第一人称代入来吸粉,这一拨比拼我曹袁党也是不怵的,单方面宣布我家就是最棒的!

他与他是少年同窗,亲密无间。在懵懂的浪漫年岁里,他们同游策马、潇洒人间,一起偷过别人家新娘子,一起进过别人洞房,一起成了当地有名的"混世魔王"。

后来,两人先后入仕,一起名列西园八校尉,又一起兴兵讨董。那一年,有袁绍的地方,附近就必然有曹操。那一年,曹操奉大哥袁绍为盟主,带着全部身家弃官追随。尽管曹操将少兵弱,但是身为大哥的袁绍不顾群雄反对,破例让他进入决策层,成了自己的左右心腹。曹操出师不利,军队叛逃,群雄中也只有大哥袁绍接纳了曹操,还私下把曹操选定为关东地区唯一的代理人。

这叫什么?这就叫"即使你被全世界抛弃,在我这里你也永远有一方天地"。

连高冷的史书《武帝纪》也忍不住记载:"太祖还到龙亢,士卒多叛。至铚、建平,复收兵得千余人,进屯河内。"河内就是当时袁绍的驻地。

FOUR 孙权 × 吕蒙

提到三国友情组,那我就来劲了!

1《思奉车子侯歌》。

如果说策瑜不可拆，那么我也来一句，权蒙是yyds（永远的神）！

即使在《三国志·吴书》中，在史官冷静沉郁的笔下，孙权对吕蒙的关爱也可谓无微不至，令人动容。

《三国志》记载，在吕蒙病重时，孙权不惜重金聘请东吴名医救治吕蒙。医生需用针灸治疗，银针每每扎在吕蒙的身上，孙权都会感同身受、痛如心绞。

吕蒙在病中需要多加休息，孙权不忍在探病时打扰吕蒙，又想即时掌握吕蒙的病情变化，就派人在吕蒙的房间墙壁上凿了一个小洞，方便每天偷偷观察。只要看到吕蒙的病情稍有好转，或是三餐多吃了一些，孙权一天的心情都会好起来。如果吕蒙的病情稍有加重，孙权就茶饭不思、夜不安寝。1

孙权对吕蒙的感情，真就差把"你是我的燃眉之急"写在脑门上了。别的不提，就问你这种无微不至的特殊对待感不感人！

天启 × 崇祯

楼上的，拼"特殊对待"吗？我家也有！

正如一句戏文唱得好："生在帝王家，最是无情人。"千年的历史中，为了争夺家产，即使是寻常人家的兄弟，也不免势不两立，闹得鸡飞狗跳，更何况帝王子孙们争夺的是执掌天下的大权呢？

偏偏天启与崇祯的皇家兄弟情不走寻常路。

古之帝王，最忌讳的便是他人觊觎自己的皇位。特别是在皇权高度集中的明清两代，即便是说者无心，也是株连九族的大罪。可是当自家弟弟崇祯说想做皇帝时，哥哥天启却只是笑说可以，还许诺："我做几年时，当与汝做2。"

天启临终前，果然履行了当年诺言，将帝位传给了弟弟崇祯。

1《三国志》："会蒙疾发……所以治护者万方，募封内有能愈蒙疾者，赐千金。时有针加，权为之惨戚，欲数见其颜色，又恐劳动，常穿壁瞻之，见小能下食则喜，顾左右言笑，不然则咄唶，夜不能寐。"

2《三垣笔记》。

崇祯继位后，按明代礼仪当为哥哥选择庙号、谥号。树倒猢狲散，先帝已逝，礼部大臣为讨好新帝崇祯，便拟定"僖"为庙号，"哲"为谥号。谥号倒还是褒义，庙号的问题却很大。在谥法中，"僖"字基本等于在明着吐槽天启帝混吃等死、毫无建树，意在恭维当今圣上才是英明圣主。

礼部本以为这番马屁拍得恰到好处，却不料反而惹来崇祯的大怒。后来，是崇祯亲自朱笔御批，将"僖"字改为"熹"字，又变"哲"为"悊"，将"哲"字下面的"口"改成了"心"字。

谥法中，有功安人曰"熹"，灿烂光明曰"熹"。"熹"一字是妥妥的褒义，而"悊"在古文中与"哲"同音同义。看似只不过是将同一个字换了一种写法，但将"悊"字拆开，便能觉察到崇祯对哥哥的深厚情谊。

把"悊"字拆开，是上折下心。"悊"，暗指的是"折心"。

你走了，我的心也折了、碎了。

你走了，这世上也不再有值得我折腰、断心的人了。

后世有《先拔志始》记载此段："初，礼部拟僖宗哲皇帝，御笔改僖为熹，改哲为悊。"寥寥数言，足见真意。

LUOHUA
FENGZHIJI

一生
为敌
第四单元

YISHENGWEIDI

君有戏言

文／白斩鸡

ZHENFEI

嬴政 × 韩非子

敌国霸主／清贵公子

JINYOUXIYAN

他眼里曾经有光，是他亲手掐灭了它。

嬴政

头衔： 第一霸主、始皇元祖

性格： 腹黑野心

事迹： 统一六国

韩非

头衔： 法家大佬

性格： 审慎明辨

作品： 《韩非子》

本是碧空万里的日子，突然乌云累累，大雨将落，转瞬间天空变了颜色。

咸阳一处院中，韩非在树下坐了不到半刻，便起身欲走。

他身后无言地跟着两名持刀的守卫，一向与他半步不离。

韩非心中烦闷，脚步一顿，直直看向二人。

"我不会逃跑，我想求见秦王，我有话要说……"

话音未落，不远处大门"吱呀"一声被推开，熟悉的声音悠悠传来："秦王事务繁忙，无关人员还是莫要打扰。有什么事，可以由我代为传达。"

是李斯。

他一身华服，悠然恣意，笑盈盈地望着韩非，韩非却在见到他的第一眼，脸色蓦地冷了下来。

韩非与李斯曾是同窗。

那是许多年前的事了，荀子游历齐国，后又辗转至楚，许多人久闻他的大名，不远千里前来求学。

彼时李斯只是一名小吏，他不甘于此，立志要闯出一番事业，便向荀子学习帝王之术。而出生于韩国宗室的韩非，身份高贵，眼里却是水深火热的底层百姓，他来求学治国之法。

学成之后，韩非踌躇满志地回到韩国，想以自己的力量改变些什么，可一次又一次的上书都石沉大海，换来的是屡屡被无视的消息。

愤懑不已的韩非无处诉说，只能在无数个孤寂的夜里，写下所闻所见，以及无处可施的理想。

智术之士，必远见而明察，不明察，不能烛私……

重人也者，无令而擅为，亏法以利私，耗国以便家，力能得其君，此所为重人也……

凡当涂者之于人主也，希不信爱也，又且习故。若夫即主心，同乎好恶，因其所自进也[1]……

他给这篇呐喊取名为《孤愤》。

然而韩非没想到，这篇文章被千里之外的敌人、杀伐决断的秦王嬴政所读。

与国力式微的韩国不同，这时的秦国，正是国力强盛亟待扩张的时期。

年轻的嬴政野心勃勃，不满足于秦国小小的国土面积，将目光放眼到了整片中原，将周边齐楚燕赵等诸侯国纳入狩猎范围。

他有足够的自信。

很久以前开始，秦国便开始广纳人才，招揽了西戎由余、虞国百里奚、宋国蹇叔等名士贤人。直到如今嬴政在位，随着国土面积不断扩大，秦国国力亦有增强，似有成为一方霸主的趋势。

因此，当嬴政看到韩非的文章时，仿佛跨越千里，寻到了命运般的知音。

他的追求，他的痛斥，字字句句都印在了嬴政的心里。

"寡人要是能得见此人，便是死也无憾了！"

在那之后，秦国积极地积蓄力量、整顿军备，不断出兵攻打韩国，韩王终于觉

---

[1] 出自《韩非子·孤愤第十一》。

察到巨大的危机。

似是这时候才想起韩非此人来，韩王匆匆召他入宫，一脸焦急地抱紧救命稻草询问他退敌的妙计。

依照韩国如今的实力，硬碰硬必输无疑，韩王灵机一动，小心翼翼地开口试探："那……若你前去游说秦王，可有胜算？"

闻言韩非微愣，虽然这的确是可行的方法，但孤身出使秦国，与羊入虎口无异。

可韩非思索片刻，仍是应下了。

对于秦王嬴政此人，韩非耳闻已久。

出生异国，命途多舛，却拥有雷霆手段，一步步爬上了秦国的最高位置。的

若是作为寻常看客，嬴政此人的确令人欣羡敬仰。他曾见过许多人辞别家乡，孤身前往秦国，只因为秦王知人善用，广纳贤人。

"寒窗苦读十余载，为的不就是那点抱负吗？"

"如今虽是七国鼎立，实际上最终能成霸业的，或许只有秦王罢了。"

韩非不止一次这样听说，他偶尔忍不住想，秦王真的如传言所说那般吗？

若自己有朝一日得见秦王，会是什么样的场景呢？

那时韩非只觉得这不过是自己的幻想，却没想到真会实现。

临行的前一晚，他望着寂静幽深的夜空，只觉得心中蓦地一片恍惚。

秦王嬴政在大殿召见了韩非，那个他心心念念已久的人。

韩非亦偷偷打量着身居高位的男人。

他看起来比想象中更年轻，坐在那里带着不怒自威的气势，仿佛天生的王，令旁人只能低着头，不敢直视。

秦王却在见到自己的一瞬间收敛气息，大步匆匆跨下台阶，露出惊喜的笑容："寡人思君久矣！"

韩非抬眼，在秦王嬴政的眼中，有着得偿所愿的欢欣。

那是他不曾见到过的、发自内心真切的欣赏。

韩非沉默片刻，继而垂眸，朝嬴政深深地跪拜下去。

真正见到秦王后，韩非仍然觉得自己好似深陷梦中。

清风徐来的夜里，长亭下，他们饮酒对弈，宛如一对意气相投、相见恨晚的君臣，不谈矛盾，而是论天下兴亡，民生世道。

许是已经很久没有这般恣意畅谈，韩非已经有些微醺："我少时便熟知黄老之学，后又追随荀先生学习多年，如今诸子百家各有其道，争论不休，而若要我说，我的道，便是刑名法术之学。"

四周下人已被挥退，嬴政不甚在意地为韩非杯中添酒，点头道："先生的《孤愤》一文，我亦有相同之感，我中原国土之大，民众之多，无规矩不能约束，需要有效的安邦之策。"

韩非定定地看着秦王，沉声道："此谓之——法。"

嬴政放下酒杯，端坐正色："法之一字，该如何解？"

韩非淡淡一笑，神色彻底放松下来。

脑海中一幕幕场景飞掠而过，曾经的绝望与愤懑好似渐渐消散，白鸟高鸣而过，迎来希冀。

他微微抬头，目光望向远方，好似眺望着心中未来美好的憧憬。

"即所谓法不阿贵，绳不挠曲。法之所加，智者弗能辞，勇者弗敢争。刑过不避大臣，赏善不遗匹夫[1]。"

这便是韩非心中最深切的抱负，也是他为社会、为人民寻找的出路。

或许是韩非的目光太过热切，明月皎皎，嬴政凝神看着韩非，似乎为这样的他所动容，将这句话牢牢记在了心中。

---

[1] 出自《韩非子·有度》。

后来，他们还聊了许多。

秦王没有掩饰自己对韩非的喜爱，他时常在早朝后，抑或休憩时，与韩非畅谈。若是遇到难以解决的问题，便会立刻传召韩非，询问他的意见。

韩非往来于宫中的身影，落入了许多人的眼里。

韩非自己也知道。对于秦王的信任，他不可避免地升腾起喜悦，却也隐含忐忑与愧疚。

他没有忘记此次出行的目的。

他向秦王提出了许多行之有效的策略，而其中，他夹杂了最重要的一条——存韩灭赵，这是韩非为韩国筹谋的出路。

韩国国力微弱，对于强大的秦国看似无力抵抗，但正由于经历了太久的忧患，国内上下同心，不会被轻而易举地攻下来。

况且如今与其出兵韩国，不如转向一旁摩拳擦掌的赵国，他们正在招募士兵，若是逼得韩赵联合起来，反而会成为秦国更大的祸患。

因此，秦国当务之急应当是与韩国一起，先率军讨伐赵国。

静坐一夜后，韩非沉默地看着面前《存韩》一书，终究还是将它呈了上去。

在那之后，他没能等到秦王的再次召见。

韩非没有放弃，屡次上书求见，终于在一个秋日的午后，等来了嬴政。

年轻男人落座时，目光不再柔和，他淡漠地瞥了一眼仆人，便有人过来斟酒。

一瞬间，韩非明白他什么都知道了。

但秦王什么也没说，只让人摆上棋子，与韩非沉默对弈。

过了半晌，秦王才悠悠开口："起初寡人以为《存韩》一书，所言颇有道理，然而给李斯看了之后，他有一些不同的看法。"

秦王定定地看向韩非，眼神平静无波，却又仿佛暗藏汹涌，"他的一句话让寡人想了很久，今日过来，想知道你的答案。李斯说，他既来了秦国，便会永远留在秦国。那么,先生,你呢?"

韩非垂眸,执棋的手微不可见地一松,白子轻轻落回了盒中。

他心中泛起苦涩,却什么也说不了。

答案昭然若揭。

那日,秦王离开后,一切复归于平静。

韩非知道计划失败,便向秦王请辞。

秦王拒绝了他,并且自那之后几乎不再出现,仿佛遗忘了还有个人在这院落之中。

直到今日李斯上门,如应景一般,伴随着一声惊雷,天空宛如破了个口子,哗啦啦地落下大雨。

李斯仿佛毫无所觉,下令道:"秦王有令,将韩非押入大牢。"

"是。"侍卫闻言,押着韩非向前行了一步。

韩非一脚踏进雨中,登时衣衫尽湿。

经过李斯身边时,韩非沉默着,李斯顿了顿,却仍开口叫住他:"你顾虑的东西太多了。"

韩非没有回应,径自迈出大门。

顾虑的东西太多了,韩非又何尝不知道?

人生在世,囿于命运,难得恣意,终有所得所舍。

事已至此,理当无悔。

只是……

韩非唯一心有不甘,只是想再见秦王一面。

他从不怨自己生为韩国人,那是他的家、他的国。

但与嬴政所见一面之后,他时而忍不住会想,若自己不过是诸侯国中一个平凡普通的读书人,为实现理想抱负来到秦国,遇到赏识自己的秦王,一切会是什么样呢?

如果……

此时有脚步走近,牢笼的锁头被人打开,韩非立刻下意识地抬头张望,却见来人手里端着一个小小的瓷瓶。

罢了,韩非苦笑一声,如果有来世……

韩非眼睛一闭,仰首饮下毒药。

"寡人要是能得见此人,便是死也无憾了!"

不知何时在案头睡着的嬴政猛地惊醒,手不自觉一挥,将一摞竹简扫落在地。一旁的太监心里一惊,赶紧跑上前将它们放回几案摆好。

然而不小心手一滑,一卷竹简滚下来,正好落在秦王面前。

"奴才该死!"太监急忙跪下请罪。

"无碍。"

竹简摊开一角,露出一截端正好看的字迹,嬴政瞥了一眼,下意识脱口问道:"韩非还被关着吗?他的文章属实写得不错……"

说完,秦王顿了顿,似乎若有所思,然后道:"明日叫他进宫,寡人要见他。"

"可,可是……"太监仍然跪着,似乎更害怕了。

"怎么了?"

见秦王似乎真的忘记了,太监只好颤着声提醒:"您之前下令今日赐死韩非,如今毒药恐怕已经,已经在路上了……"

嬴政想起来了。

自己曾就韩非之前所上书存韩灭赵一事,询问李斯的意见,他记得李斯所言,韩非提出这样的方案实在是居心叵测,目的不过是借机为韩国谋利罢了。

毕竟,韩非自始至终都是韩国人,而不是秦国人。

可事实真的如他所说吗?

嬴政第一次在心里产生了怀疑。

他站起身踹了太监一脚,直将人踹得滚落台阶,心里罕见地一阵恐慌,面上却不知该生谁的气,大声道:"去!将行刑之人拦下,寡人要留他的命!"

太监忙不迭应下。

片刻后,嬴政瘫坐着,拳头不自觉捏紧,脑海中不断响着梦中那句话。

他曾经那般喜爱的人,怎么舍得说杀就杀了?

可彼时的嬴政还不知道,有些事一旦决定,再挽回也来不及了。

多年以后,当嬴政统一六国,建立起历史上第一个中央集权的国家,成为万人敬仰的始皇帝时,会想起自己遇见过一个未曾谋面便为之惊艳的贵族公子,他眼里曾经有光。

但最终,是嬴政自己亲手掐灭了它。

那命运般的知音,世上或许不会再有第二个了。

YI TONG

·正在循环播放·

《一统》歌剧官宣预告

XIAOPIDE
GUANCHARIJI

小丕的观察日记

文/拂罗

曹丕×曹植
腹黑高傲兄长／天才恣意弟弟

愿为西南风，长逝入君怀。

曹丕

头衔：魏文帝

性格：能文善武

事迹：《典论》《燕歌行》

曹植

头衔：天才写手、才高八斗

性格：恣意率性

作品：《七步诗》《白马篇》《洛神赋》

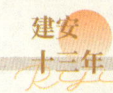

经过深思熟虑之后，我决定写个观察笔记（绝对不是因为想记录我那天才弟弟曹植的黑历史，让那小子人设崩塌……嗯，绝对不是）。

既然是留给后人的，那就先写写我自己吧。

我叫曹丕，字子桓。哎，读到日记这一行的天选后人啊，且慢，我先问你两个小小的问题：

第一题，我名字的正确读法是什么？

读曹"呸（pēi）"的都拖出去斩喽。

第二题，提到我曹丕的名字，你脑海里想到的第一个印象标签是什么？

想到"是曹丞相他儿子啊"也拖出去斩喽。

只凭我爹的名字，我就应该被史书记一笔，但世上有哪个儿子甘心被赫赫有名的爹给压一头的？

跟一条文艺路走到黑的小植比起来，我这人从小就通读诸子百家和四书五经，还在这乱世跟我爹学会了骑马射箭，防身杀敌不是问题，左右驰射更不在话下[1]。

记得那次我和刘勋、邓展他们一起喝酒，邓展那家伙仗着自己擅长武功，喝多

---

1 《典论·自序》：上以四方扰乱，教余学射，六岁而知射。又教余骑马，八岁而知骑射矣。以时之多难，故每征，余常从。

后夸夸其谈。我随口说了句"我以前对武学也有过研究，得到过高明的教导，我觉得你说的某个地方不对"。

谁料那小子居然不服气了："大话谁都能说，有种咱俩比一比啊！"

好啊，试试就逝世，我当即抡起我旁边八尺长的——甘蔗，以它代剑，下殿就跟他大战三百回合，他打我全是 Miss，我打他全是暴击，整整命中他手臂三次，大家都笑疯了。当我收起甘蔗想吃的时候，邓展居然还不服气，脸红脖子粗地嚷嚷："再来再来！"

哎，这……我甘蔗都剥到一半了，好吧好吧。

"我这剑法啊，特点是快而集中，不容易击中对方的脸，所以只打中你的胳膊而已。"我提醒他。

"行了行了，别说了，再战！"邓展嚷道。

我就知道这小子绝对会中计，没头没脑地选择中路进攻，于是飞身闪避再出手，从上方一下击中邓展的额角。

HP（血条值）：

在众人的惊呼声里，邓展终于输得心服口服，而我友好地结束了这次小小的切磋[1]（小植他做得到吗 .jpg）。

小植问我吃不吃葡萄，我先写到这儿。

建安十五年

唉，那位天才儿童根本没有黑历史啊，我也没什么可记的。

还是随便讲讲我弟弟的事吧。

1《典论·自序》：尝与平房将军刘勋、奋威将军邓展等共饮。宿闻展善有手臂，晓五兵；又称其能空手入白刃。余与论剑良久，谓言将法非也，余顾尝好之，又得善术。固求与余对。时酒酣耳热，方食芋蔗，便以为杖，下殿数交，三中其臂。左右大笑。展意不平，求更为之。余言吾法急属，难相中面，故齐臂耳。展言愿复一交。余知其欲突以取交中也，因伪深进，展果寻前，余却脚剿，正截其颡。坐中惊视。

小植，性别男，小我五岁，同父同母，大家都叫他天才少年。

什么？太敷衍了？好吧，念你是后人，我再纵容你一次。

如果说我是文武技能点平均分配的，那小植的技能点大概全在文艺上了，他从小就出口成章，最喜欢的事儿就是捧着书读上整天，也不爱那些华丽的车马衣裳什么的。所以，在冲弟病死之后，我爹自然就把偏爱转移到了小植身上，带他四处征战长见识，把他当第一接班人来培养着。

前几天不是有个作文比赛吗？我爹在邺城建的铜雀台刚完工，让我们兄弟几个登台作赋。我正埋头答题呢，突然听见考场上有人从容笑道"答完了"，果然是小植，他捧着自己一气呵成的《登台赋》，毫无悬念地拿了满分[1]。

我？我当然是……九十九分了，唉。

烦，吃葡萄去。

前几天在宴会上和小植一起写诗。

"乘辇夜行游，逍遥步西园……遨游快心意，保己终百年[2]。"

说实话，我家这么多兄弟，死的死伤的伤，庸才的庸才，能和我作诗往来的人，其实也只有他了吧。

我爹西征马超去了，我娘还有弟弟们全都随军走了，守在这邺城的怎么只剩下我一个了呢？不开心，写篇《感离赋》吧。

---

1 《三国志》：时邺铜雀台新成，太祖悉将诸子登台，使各为赋。植援笔立成，可观，太祖甚异之。
2 《芙蓉池作诗》。

继续讲讲我自己吧。

我从十岁起随父开始军旅生涯，踏遍这个混乱且残酷的汉末，虽然乱世极大程度增强了我的心性和体魄，但它也有冷血的一面。也是在我十岁的时候，因为张绣对我爹的某些做法不满，突然反咬一口，害得我大哥曹昂身死战场，而我仓皇中拽了一匹马，得以逃脱。

虽然早就见惯了血光和剑影，但向来笑声朗朗的大哥就这样死在乱军中，简直就像一介草粒那样渺小……或许只有真正的王才能生得伟大、死得壮烈吧，又或许，想登临万人之上的愿望，就是在那时候诞生的。

大哥死了，总要有人继承我爹的衣钵和功业。

我爹郁郁寡欢了好多日，他起初将目光投向那位神童弟弟曹冲，几次提到要让他继承功业，只可惜冲弟体弱多病，十三岁时就夭折了。

那天我去安慰爹，爹的眼角有泪痕，他缓缓朝我抬起头，沉声道："此乃我之不幸，却是你的大幸啊。"

我话噎在喉。虽时隔多年，我仍记得爹那天从悲痛中抬起头时，眼中的那一抹沉意——我从他的双眼里看到我的模样，眼中燃烧着与他相似的野心与烈火。

我与他，是父子，注定我血脉与他相同。

——后人，不知在你眼里的我又是什么模样？虽然前面的文字很轻快，但自从亲历大哥的死亡后，我的性子不自觉地逐渐沉郁。

父亲始终不太喜欢我。这些年，除了隐忍，我别无办法。

倒是小植，也不知是真傻白甜还是心大，居然总跑过来宽慰我。

"哥，没事儿，吃葡萄去？"

噗，又想用葡萄收买我？吃。

回看日记，忽然想笑。

如今我已近而立，早已不再是轻狂的青年，而小植也终于长大了。其实我早就预见到，我们兄弟终究会为了那个位置分成两派，带着各自的人手互相陷害勾结，设计舆论，殊死不休。

小植啊小植，你和我，也终究有一方跪拜另一方的时候吗？

到那时，该是你垂首受我金殿一拜，还是我居高临下见你沉默屈膝？到那时，我该如何再听你唤我一声"哥"？

仲达劝我要注意形象管理，我觉得很有道理。

小植那边说到底还是文人气太重，太恣意狂傲，喝醉之后啥事儿都敢做，根据小道消息，爹好几次差点儿把他立为太子，后来一瞅……那小子醉得跟酒鬼一样，也就作罢了。

特大好消息！我当上世子啦！

当了世子的人，感觉走路和平时都不一样，我今个儿因为太高兴不小心搂了辛毗的脖子，还对他嚷嚷："辛先生你知不知道，我超高兴的！"

辛毗当时眼神怪怪的。

集团里以隐忍成熟闻名的二把手少爷，被人看见在自家办公室手舞足蹈，导致人设崩塌……确实得意忘形了，咳。

笑死，我弟弟终于有黑历史了。

他今天喝醉酒之后居然当街飙车，不仅飙车，怎么还把司马门给打开了哈哈哈，那驰道可是天子才能走的啊,小植这是醉里登基了吗?只听说过黄粱一梦,没听说过醉里登基的哈哈哈[1]……

建安二十二年

我的好朋友王粲去世了,我用最情真意切的方式祭奠了他。

建安二十四年

小植黑历史×2

爹让小植任南中郎将,带兵去从关羽手里救曹仁,没想到这小子喝个烂醉,居然连受命都做不到。

黄初元年

第一件事,正月时我爹在洛阳病逝了。

第二件事,我废汉自立皇帝了。

从此以后我便是九五之尊,"黄初"就是属于我的年号。

爹,我一定会实现你的遗愿,好好治理你留下的国家,放心吧。

至于我弟弟曹植……前几天他居然穿着丧服为汉朝哭丧?真是莫名其妙,你哥顺应天命当天子了,你哭什么?眼不见心不烦,按照剧本我应该杀他来着,但……算了算了,还是把他徙封吧。

---

[1]《三国志》:植尝乘车行驰道中,开司马门出。太祖大怒,公车令坐死。由是重诸侯科禁,而植宠日衰。

黄初二年

除了荀令君之外,其实我也可以留香嘛。

宫里新到货一批熏香,我赶紧试试。

黄初六年

一晃已经过了这么多年啊。

犹记得我爹撒手人寰之前,曾把五岁的弟弟曹干托付给我,说这孩子三岁丧母,五岁失父,如今只能交给我抚养了。这些年我谨遵父亲的遗愿,视最小的弟弟如己出,不料这孩子年纪太小,总分不清楚我是谁,脆生生地叫我"爹"。

我每次都耐心纠正他:"不对,我是你哥哥[1]。"

唉,这孩子还是每次都叫错。

一晃爹逝世已多年,我们兄弟二十多人竟也七零八落了,再不复当年的热闹。写到这儿竟不觉泪流满面,不知那位同母的弟弟如今如何落魄呢?这些年为了防止他起势,我将他改封了好多个地方。

天家自然不得留后患,尤其是手足,可……

罢了,还有谁能叫我一声哥呢?其实,我也偷偷学会了一醉方休。

棠棣之华,鄂不韡韡,凡今之人,莫如兄弟[2]。

醉眼再看这深宫,满目棠棣竟全是肃杀的颜色,白的花依然清澈分明,粉的花似白瓣沾染了一抹朱砂血。

——那天我端坐龙椅,冷冷下令放逐他去远方,他一句话都没有说,只是跪在殿上朝我缓缓抬头,我在他眼里,看到了一抹比血色更浓烈的悲哀。

小植,那花瓣,那血色,是我拔剑挥下时沾染的吗?

小植?

---

1 《魏略》:良年小,常呼文帝为阿翁,帝谓良曰:'我汝兄耳!'文帝又愍其如是,每为涕泪。
2 《诗经·小雅·鹿鸣之什》。

"陛下？陛下……"醉时有人唤我。

哈哈，怎么人到中年还眼花了呢？把旁人认成自家兄弟了……此番南征恰好能路过雍丘，便去看看他吧。

黄初七年

我是小植。

我哥今年病逝了，这本日记巧合之下辗转到了我手中。

我哥生前一直不是个爱说话的人，但我知道，他只是外冷内热罢了，大家都说他阴戾腹黑，但他其实也有相当少年气的一面。

如果我们从未生在天家该有多好啊。

在此附录上我当年的日记本，内容不多，若你好奇便读一读吧。

哥，你不是想让后人看看我的黑历史吗？我也纵容你一次。

建安十三年

以我哥的性格，日记里估计全是我的黑历史吧？从今天开始我也要记他的。

等着瞧吧！

建安十五年

怎么就鸽了两年呢……忙着写其他文章，差点忘了还有这本日记。

简单讲讲我自己吧，我是曹植，字子建，是母亲卞氏的第三个孩子。我从小虽然体质不如我哥曹丕，但脑子比他转得快啊，前几天不是有个作文比赛吗？我一笔挥就的时候，我哥还在考场抓耳挠腮呢。

爹以前看完我写的文章，竟然张口就问我："不对啊，你一个小学生怎么能写出大学水平？你找人代笔的吧？"

大家都叫我神童，所以我爹这也算是正常反应。

我不假思索驳道："出口成论，下笔成章，您当面考考不就知道了[1]？"

其实我再狂也没我哥狂，听说他当年在殿上用甘蔗痛打人家邓展，打完不说，还哈哈大笑，挖苦人家："我看将军还是重新学学如何击剑吧！"

嚯。

不愧是你，小丕。

建安十六年 夏

前几天在宴会上和我哥一起写诗。

公子敬爱客，终宴不知疲……飘飖放志意，千秋长若斯[2]。

哥，要是我们能逍遥自在地这样过一千年该有多好啊。

建安十六年 秋

我现在跟着爹西征马超去了，只剩下哥守在建邺城。

不开心，虽然我们见面总打架，但其实我有点儿想哥了，写篇《离思赋》吧。

或许兄弟就是这样吧，分开以后才会彼此想念。

建安十七年

我哥最近看我的眼神好像怪怪的。

是因为爹一直以来偏爱的都是我吗？还是因为爹有意将我立为世子，而不是我

---

1 《三国志》：陈思王植字子建。年十岁馀，诵读诗、论及辞赋数十万言，善属文。太祖尝视其文，谓植曰："汝倩人邪？"植跪曰："言出为论，下笔成章，顾当面试，奈何倩人？"

2 《公䜩诗》。

哥？

哥的性格近来似乎愈发阴郁了。

我没有别的办法，只能从各地搜集来最甜的葡萄，问他吃不吃。

其实我知道，天家迟早会有这么一日，若真的到来，我只希望那日再无限推迟些，好让我们兄弟不要提前一分两半，各自走入命定的凛冬。

到时我该如何看待他？是坐在龙椅上，看着他面无表情地跪拜吗？或者……要跪拜的人其实是我？

没办法，只好饮酒，放浪形骸。

我输了，我哥当上世子了。

我是何时染上酒瘾的呢？

喝酒误了点儿小事，不值一提……咳。

我想清楚了，大概是因为，借着醉眼，能再看一眼我们兄弟二人共饮的时光吧。

古来有黄粱一梦，今天我这一梦又算什么呢？

再来一杯罢。

唔，对了，最近王粲去世，因为王粲生前喜欢驴叫，我哥一拍脑袋突发奇想，哭丧时让大家一人学一声驴叫，现场驴叫声此起彼伏，精彩得很[1]。

1《世说新语》：王仲宣好驴鸣，既葬，文帝临其丧，顾语同游曰："王好驴鸣，可各作一声以送之。"赴客皆一作驴鸣。

爹病逝之后，我哥废汉自立了，年号黄初。

这，唉……我也被我哥撵走了。

哥，你为什么不杀我呢？是看在母亲的份上吗？或者，你只是想用这种方式来折磨我，惩罚我当年与你争太子之位？

我猜不透你。

听说我哥臭美，学人家荀彧玩熏香，结果被愤怒的马一口咬腿上了[1]。

我作了《七哀诗》。

"愿为西南风，长逝入君怀。君怀良不开，贱妾当何依？"

可以的话，我愿化作微风一缕，消逝在夫君你的怀中。可你的胸怀早已不向我打开，我还能依靠什么呢？

这些年，我已不记得曾迁过多少次封地，也不记得战战兢兢写过多少篇阿谀的表文。哥，父亲当年赐我的铠甲与骏马，我都献给你了，你屡次命我改封他乡，山水迢迢，我也毫无怨言地奉旨去了。

我再也没有像年少时那样，大张旗鼓地办过欢宴，再也没有在酒醉后恣意狂歌。如此，你可会放下戒心？

哥，深宫那些棠棣可还在？你曾笑将那白花比喻成我，可如今我是不是再看不

1《三国志》：帝将乘马，马恶衣香，惊啮文帝膝，帝大怒，即便杀之。

见那些棠棣了？

今天哥来看我了[1]！

太好了，太好了……我们兄弟一定还有下次相聚的时候吧？

不……没有下一次了。再也没有了。

哥哥死了。

"袖锋抽刃，叹自僵毙。追慕三良，甘心同穴[2]。"

来日，你我各自百年后，史官或后人该如何评说你我呢？

今天竟翻到了你留下的日记，哥，我随意看看，你不会介意吧？

……

太和 元年

我又作了首《慰情赋》。

"黄初八年正月雨，而北风飘寒，园果堕冰，枝干摧折……"

"明明是太和元年，陈思王怎么用了魏文帝在位时的年号？"

"大概是抄错了吧。"

"也对，曹丕死后，哪来的黄初八年呢？"

1《三国志》：六年，帝东征，还过雍丘，幸植宫，增户五百。

2《文帝纪》。

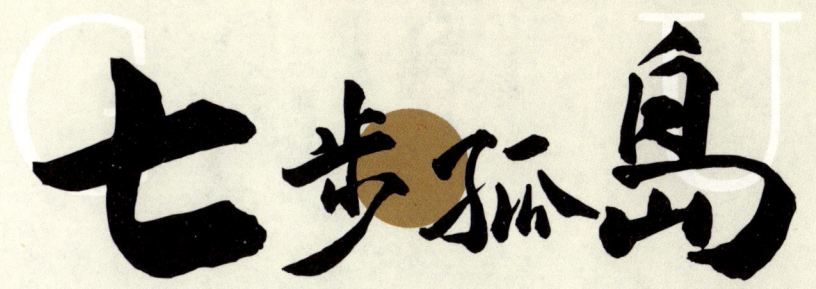

·正在循环播放·

《七步孤岛》网剧预告

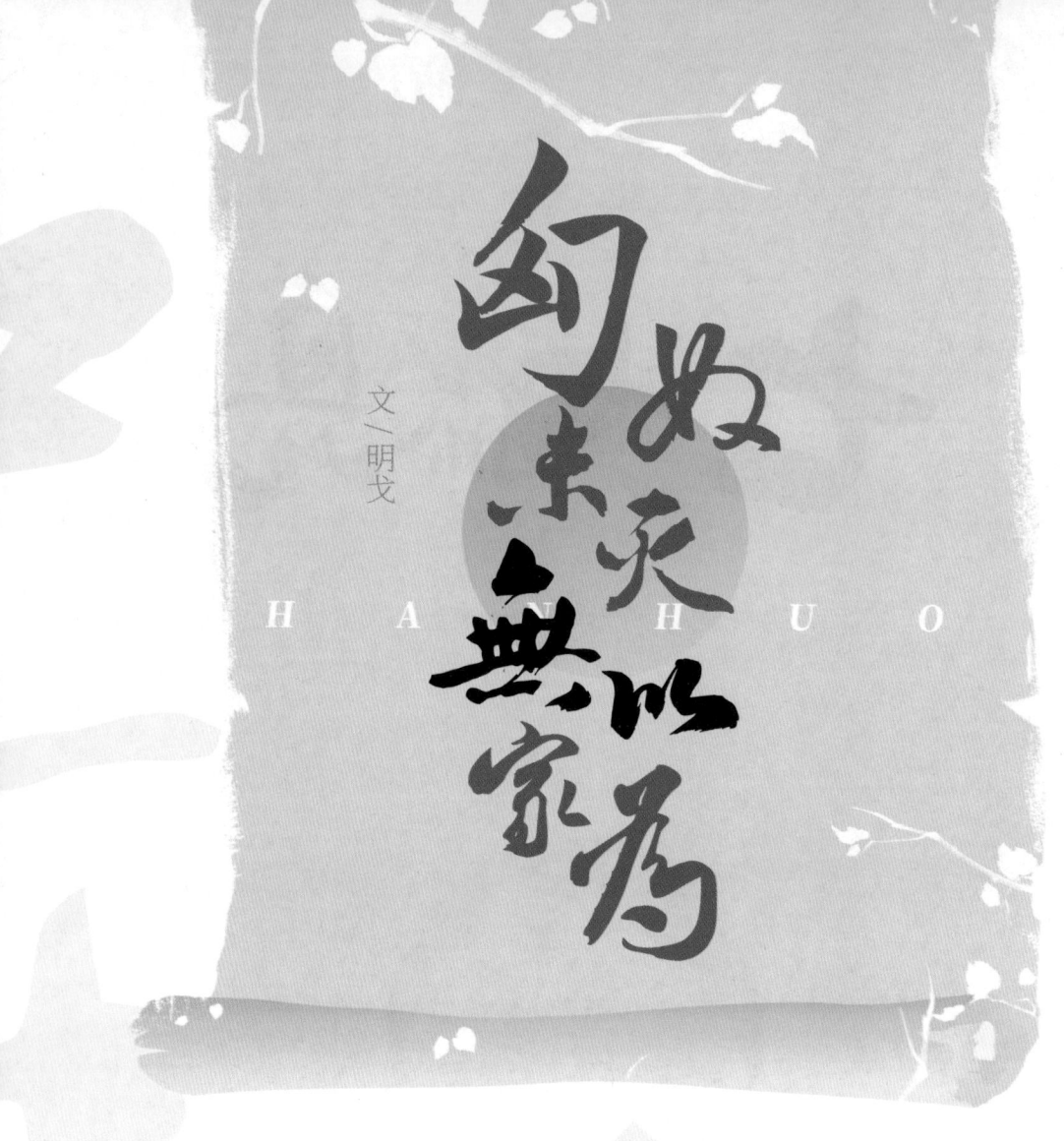

匈奴未灭无以家为

HANHUO

文/明戈

汉武帝 × 霍去病

多情皇帝／少年将军

XIONGNUWEIMIEWUYIJIAWEI

兰有秀兮菊有芳，怀佳人兮不能忘。

汉武帝

头衔：汉武帝、秋风客

性格：有勇有谋、不拘一格

事迹：尊崇儒术、改革币制、兴利开边

霍去病

头衔：冠军侯

性格：文韬武略、勇猛至极

作品：打通河西走廊、大败左贤王、封狼居胥

《烦恼》霍去病 QUBING

今日又被那几个别府的少爷合起伙来欺弄，我还不能还手。

虽说我是平阳公主府的人，但地位低微，只是个私生子。

每次我带着一身伤回来，母亲都会叹着气替我擦药，然后叮嘱我万万不能惹那些公子哥不痛快。

所以从小我就知道，受欺凌便是我们这种下贱人的命。可我不服，不是不服他们，几个纨绔子弟罢了，我都不乐意搭理。

我是不服为何我只能像狗一样活着，窜巷尾，住柴房。

我想堂堂正正地直起腰来，去军营，上战场。

> 匈奴未灭，无以家为

《大烦恼》汉武帝 HANWUDI

唉，朕又失去一个女儿。

都怪那匈奴，我大汉受他们侵扰多年，北疆民众更是苦不堪言。

无奈他们实力太过强大，就连高祖都曾中计，被围困于白登山七天七夜。后不得已想出和亲进贡之计。

可这和亲，明明就是辱我泱泱汉朝无能啊。

朕何其希望，在朕在位期间，能平了那些北狄！

2

《转机》霍去病

姨母卫子夫当了皇后，而我作为亲属，也飞上枝头成了皇亲国戚。

家里另几个兄弟，自从得了名号钱财后，便每日花天酒地，一如那些不学无术的富家子弟。

可我只开心终于可以名正言顺地学习骑射了。等我学有所成，便可以前去参军，保家卫国！

冲呀！霍去病！

3

《震惊！皇上竟是这种人！》霍去病

听说我擅长骑射，皇上对我非常感兴趣，封我为近臣侍中。做了近臣侍中后，我几乎天天都能看到皇上。

一开始见到皇上，我是又敬重又害怕，毕竟天子一怒，伏尸百万，所以我十分怕他一个气不顺我会掉脑袋。

没想到的是，皇上每次见了我都和颜悦色。不仅如此，还常常问我宅中所缺何物，用的弓箭是否顺手，就连做衣服的料子都每月会送一批。

下人们都说，从未见皇上对一个人如此之好过。难不成……

他们意味深长的话着实将我吓了一跳。所谓无事献殷勤，非奸即盗。可皇上能盗我什么？我这兜比脸都干净。

那天我实在没忍住，便去问了皇上。

皇上听后先是一怔，而后微微侧了侧头，眯起狭长的眸子说："以后你将是朕麾下最锋利的那把刀，器重你是应当的。"

听到这话，我一下子觉得自己格局小了。

不愧是天子！

《这个侍中有点可爱》 汉武帝 HANWUDI

今天小霍竟然跑来问朕为何对他这么好,而且一看就是匆匆忙忙赶来的,气都没喘匀。

旁人得了朕的恩宠,开心都来不及,更不用说来问原因了。

不过看他黑亮亮的眼睛里满是狐疑,估计是在哪里听了什么风言风语,跑来图心安的。

朕赏识他,他自然有过人之处。

朕许久没见过这样英姿飒爽的少年了。

要不……改天教他兵法?

《尴尬》 霍去病 QUBING

今日我照例去习武场练习骑射,结束时才发现皇上正站在一旁观看,也不知站了多久。

我连忙翻身下马,向皇上快步走去并行礼问好,皇上也一如既往地拦住我说免礼。

由于刚刚结束训练,我额间全是汗水。

皇上忽然抬起胳膊,用袖子帮我擦了下额头上的汗珠。

这是?

我猝然愣在原地,只觉额前的锦袍好柔软,袖口也有一股好闻的香味袭过。

皇上似乎也发现了不妥,立刻将手收了回去,沉吟片刻后说:"侍中的骑射水平已十分了得,不过谋略稍欠。朕打算亲自教你孙子、吴起的兵法。"

我这时才回过神来,连忙摇头拒绝。

"臣，臣不劳陛下费心。"

皇上又开口："朕不费心。"

见状，我慌乱地丢下一句"顾方略何如耳，不至学古兵法"，而后匆匆行礼离开。

虽说同皇上讲"战争之后看方针策略就够了，不必学古代兵法"这种话很狂，但我当时实在顾不了那么多了。我只觉自己的脸颊滚烫，像在发烧。

皇上……究竟是何意？

《草率了》汉武帝 HANWUDI

今日宫中无事，朕便想着去看看小霍在干吗。

正值晌午，习武场烈日炎炎。众人都去用午膳了，唯剩他一人一边策马飞驰，一边拉弓射靶，几乎每一箭都正中靶心。

朕看了半个时辰，还是站在阴凉处，都有些中暑之意。更何况他已在烈日下操练了一上午。

技艺精湛，还如此刻苦，不愧是朕选中的人。

朕正暗暗赞许，小霍下马快步走近了朕。日光照射下，他脸上满是莹亮的汗水，和明朗肆意的笑容。

朕一下子想起了些什么，于是没忍住为他擦了擦汗。

小霍似乎被朕的举动吓到了，朕也突觉不妥，于是连忙转移了话题。

没想到他竟扯了个理由跑了。

朕……唉。

《匈奴来犯》 汉武帝 HANWUDI

北疆又传来了匈奴侵扰的消息，朕决定让大将军卫青率兵前去出击。

就在颁布旨意的第二天，小霍忽然来找朕。

"臣自幼以来，唯一的理想便是上阵杀敌，保家卫国，为此才苦练武功。皇上，请让臣也随之一同前往。"

他的头重重叩在地上。

朕看着眼前跪在地上的少年，不由叹了口气。

朕知道他有能力，他是天生属于战场的人，只是……

朕平复了下情绪，而后开口："霍去病听旨，朕封你为剽姚校尉，跟随卫青将军，抗击匈奴。"

霍去病的头深深埋下，高声道："谢皇上。"

朕自是希望此行一举平定北狄，可也希望……

"活着回来。"

匈奴未灭，无以家为。

《上战场》 霍去病 QUBING

我终于上战场了！多年以来的愿望得以实现，我心中有股说不出的畅快。

卫青大将军受诏后，又授予了我壮士的称谓。

我霍去病，定不负众望，做那护国保家的忠勇之士！

得到八百轻勇骑后，我率兵直弃大军几百里，寻找有利的机会击杀敌人。常年的骑射练习没有白费，我奋勇向前，不知消灭了多少敌人。直到后来与大将军会合，我才得知自己率部"斩捕首掳二千二十八级"，包括匈奴的相国、当户等高级官员。

我也收到了皇上的信，他大大褒奖了我这次的战绩，文末唯有一句"望安"。

今晚将士们都在喝酒庆祝，我却感觉心里沉沉的。

皇上的来信后的期望，我如何不知。小小的一次胜利还不足以证明我的能力。总有一天，我要让匈奴人听到我的名字便闻风丧胆。

《心情复杂》汉武帝 HANWUDI

小霍回来后，一直神出鬼没，直到受封仪式上朕才看到了他。

经此一战，他晒黑的脸上似乎多了些刚毅和坚定，眼神中也多了一分沉稳。

"霍去病勇冠全军，封为冠军侯，赏食邑两千五百户。"

朕知道，他出身卑微，必定吃了许多苦，也一直受人白眼。

那趁此机会，朕便给他这荣耀，让他扬眉吐气。

《再上战场》霍去病 QUBING

元狩二年，皇上任命我为骠骑将军，再次率兵出击占据河西的匈奴部落。这次我一定要彻底击溃他们。

到了河西地区，胸中莫名的热血让我杀红了眼，后又急行一千多公里，在皋兰山重创匈奴全军，斩得八千九百六十级。

后来我又孤军深入，重创匈奴。战役结束时，我军生擒匈奴五王、五王母，斩得匈奴首级三万二百级。

这期间，我也会收到皇上的书信，每封结尾皆为"望安"。

我不知道自己为何突然如此拼命。虽说我最大的愿望就是浴血杀敌，可现在总觉得是在向谁证明些什么。

> 我会保国土安宁，护百姓平安，将征战四方，完成他的愿望。

7

《一些随想》 汉武帝 HANWUDI

小霍上次回来后，朕几乎快认不出他了。朕本想拉他说说话，可他并不能逗留太久。

其实朕一直十分矛盾。

毋庸置疑，他是大汉最锋利的刀，可以斩尽匈奴，实现朕这一生最大的理想。

可朕也知道，每次战役，都是他用命在搏。稍有不慎便会命丧他乡。

只是朕读得懂他的眼神，狼一样的眼神——他渴望战场，渴望建功立业。

朕曾说要为他修宅院，可他拒绝了，说"匈奴未灭，无以家为也[1]"。

所以朕将他放了出去，命他和卫青各率五万大军，深入漠北，寻歼敌人主力。

或许这就是他的理想吧，即使付出生命也不后悔的理想。

朕的关心，怕是多余了。

《凯旋》 霍去病 QUBING

这次出战，我北进两千多里，大破匈奴军，并乘胜将其追杀到狼居胥山，还在那里举行了祭天典礼，率兵直逼匈奴至北海。

终于，匈奴远遁。

回长安后，皇上又赏了我食邑五千八百户，封我为大司马。而这

---

[1]《史记·卫将军骠骑列传》：天子为治第，令骠骑视之，对曰："匈奴未灭，无以家为也。"

次受封时，我没有再低着头，而是高高扬起面容，接受皇上的旨意。

我实现了自己少时的愿望，也向他证明了我自己。

我终究没有辜负皇上的期待。

我身上与脸上的每一道伤疤，都是我对皇上器重的报答。

《不甘》 霍去病 QUBING

天气转凉了。

我躺在病榻上，望着一旁陪我出生入死的弓箭发呆。

由于匈奴伊稚斜单于拒绝向我大汉称臣，所以我又踏上了出征路。

可这次……

我拿起皇上昨日的来信，看着最后"望安"两个字，心中百味杂陈。

于是我第一次，也是最后一次给皇上写了回信。

"对不起，这次有负重托。"

《天地同悲》 汉武帝 HANWUDI

朕已经许久未曾如此难过了。

朕已下令让小霍陪葬茂陵，命河西五郡的铁甲军，从长安一直列队到他的墓前，又命人将他的墓碑修成祁连山的模样……

原来他心中一直有这般执念，而朕竟愚钝到最后一刻才知晓。

可他不知道比起封狼居胥，朕更希望他自己平安回来。

可惜他人已经不在，说什么都晚了。

如果能重来一次，朕希望他不要来做这近臣侍中。

不为帝心惹尘事，只做逍遥一布衣。

FENG LANG JU XU

封狼居胥

· 正在循环播放 ·

《 封 狼 居 胥 》 古 典 舞 剧

君(臣)相和,良将易逝

LUOHUA FENGZHIJI

生死与共

第五单元

SHENGSIYUGONG

·蔺相如·

·廉颇·

赵之双璧
文/明戈

ZHAOZHISHUANGBI

· 廉颇 × 蔺相如
憨直将军／无双谋士

愿君终能完璧归赵。

廉颇
- **头衔**：赵国第一大将
- **性格**：勇猛耿直
- **事迹**：负荆请罪

蔺相如
- **头衔**：赵国第一辩手
- **形象**：有勇有谋
- **事迹**：完璧归赵、渑池之会

霞光漫天，残阳如一团燃烧的火焰，正缓缓没入地平线，给赵国城门镀上最后一抹金黄。

城门楼上，站着一位身穿铠甲的男子，剑眉星目，身姿挺拔如松。他手持长刀，望向远处徐徐走来的一队人马。

"那人，可是蔺相如？"

他伸出手指向其中一人。那人一袭白衣，面如冠玉，正在马上合目养神，似是有些疲惫。

男子身旁的士兵上前一步，回禀道：

"回将军，正是他。"

男子不再说话，凝眸看向悠然小憩的蔺相如，眼中满是琢磨的目光。

他正观察得入神，蔺相如却突然睁眼，同样抬起头望向城楼上。

蔺相如的视线直直落进男子眼底，眼神坦然自若，似乎还带了一点笑意。

男子显然没预料到如此，身形一滞，视线连忙投向远方。

廉颇第一次听见蔺相如的名字是在几个月前。

那日秦昭王来书，想用十五座城池换赵王的和氏璧。秦国强盛，赵王不敢轻视此信。可赵王也知道，若是照办，结局定是玉与城池皆失。

正当赵王苦恼时，缪贤推荐了自己的门客——蔺相如[1]。

蔺相如登殿后称，不给和氏璧，赵国理亏；给了和氏璧，秦国不给城池，那秦国理亏。两相比较下，不如让秦国理亏。

赵王觉得有理，便问向众人："既然如此，谁愿护送和氏璧入秦？"

百官无一人敢言。

因为大家都知道，此次一行，假使失去玉与城池，自己便是罪人，无颜返赵。可若护下宝玉不给秦王，那自己定会命殒秦国。

这时廉颇正有要事在身，不在宫中。他听闻无人愿护送和氏璧后，立刻翻身上马，打算自己回去接旨。

可还未等他返回宫中，下属便来报，说有个叫蔺相如的已经领旨了，还用性命立誓，若秦王不给城池，定将和氏璧安然无恙带回赵国。

廉颇在城门不远处勒了马，战马高高扬起前蹄，发出一声嘶鸣。

从城门而出的那队人马已经渐行渐远。为首那人身形消瘦，在夕阳红澄澄的幕景下，毅然走向秦国方向。

"蔺相如……"廉颇口中低语。

"还真有这么不怕死的。"

还是同样的夕阳。

廉颇站在城楼上，听着他们越来越近的马蹄声，眼底划过一丝不甚分明的意味。

赵王为庆祝和氏璧安然返回，大设筵席。

宴会上，赵王高兴得连连举杯："多亏了蔺相如，才能完璧归赵啊。"

---

[1]《史记》：宦者令缪贤曰："臣舍人蔺相如可使。"

蔺相如微微颔首，朗然道："赵王过誉。"

赵王接着说："众爱卿不知，这蔺相如在秦王面前不卑不亢，维护了我们赵国的尊严，更是聪慧无比，以玉石俱焚为要挟，让秦王不敢轻举妄动。"

众人也都四下接耳说道："是啊是啊，听说蔺相如为了让秦王信守承诺交付十五座城池，宁可撞死在大殿上。"

廉颇抬眼看向蔺相如，洗去了一路风尘的他，穿着一身素色衣袍，安安静静地坐在席间，仿佛众人正在谈论的不是自己。

酒过三巡，宴会几近尾声，廉颇端起酒杯，走到蔺相如面前。

"可以，完璧归赵。"

蔺相如闻声抬起头，看向廉颇，思索了一会儿后道：

"你就是廉颇将军吧。"

廉颇喝了一口酒，刚要点头应允，蔺相如又笑着补了一句。

"城楼上看我的那个。"

廉颇听后差点被呛到，小麦色的肌肤竟微微透出点红来。半晌后，他清了清嗓开口道："没想到你看起来书卷气颇足，丝毫不像武将，竟也不畏死。"

蔺相如收了笑意，淡然回道："为了赵国的利益与尊严，死又有何惧？话说回来，廉颇大将军身为国之重将，征战沙场，联合诸国大败齐军，攻取阳晋，威震四海，实乃令在下佩服。"

廉颇正欲拱手谦让，蔺相如又继续说道：

"可像您这样伟大的将军，竟会觉得只有武将才敢出生入死，难道说我等不习武之人，就都是贪生怕死的孬种吗？"

蔺相如声音带了些怒气，漂亮的眉头微微皱起来。

廉颇欲开口解释。

蔺相如站起身来，声音清冷有礼：

"敝人刚从秦国回来，一路舟车劳顿，乏累得很，就不陪大将军多聊了，先告退了。"

说罢蔺相如便转身离开了。徒留廉颇握着酒杯站在原地，眼色深沉。

从那天起,廉颇就再也没见过蔺相如,一是自己事务繁多,二是上次的误会属实有些尴尬。廉颇并没有看不起蔺相如的意思,可人家似乎也并不想听他的解释,所以他前去说清楚也没有必要。

后来廉颇有一次进宫,终于和蔺相如打了个照面。蔺相如还是穿着一袭白衣,出尘不染。廉颇以为他还在生气,会刻意避开自己。

没想到他像什么都没发生过似的,和他人一样冲廉颇点了点头,随后表情漠然地走开了。

廉颇默然走着,心中思忖。若是他尚在生气,似乎还好些,可这般同大家一致的反应……

廉颇忽然觉得胸口有些闷。

后来,廉颇再见到蔺相如已足足过了一年。

此前秦国伐赵,占领了石城,现在秦国不仅又攻了过来,还屠了两万赵军[1]。正当廉颇在边境与秦军殊死搏斗时,秦王传话过来,竟要与赵王握手言和。

伴随着息战旗帜的到来,秦军撤兵,廉颇也奉旨返回宫中。

此时,赵王正看着那封秦王的言和书瑟瑟发抖。

信上写到,秦王想在渑池与赵王会盟。可赵王怕这是诡计,自己会命殒于此,并不敢前往。但若是不去,便会显得赵国胆小懦弱,毫无大国风范[2]。

廉颇为此劝了赵王许久,无奈赵王还是摇头拒绝。廉颇没了办法,犹豫再三后吩咐下人去请蔺相如。

蔺相如赶到后,眼神只是草草掠过廉颇,便落到了赵王身上。

"赵王,只有您果敢前往,才能彰显我们赵国的气度,否则大家都会在背地里说我们胆小如鼠啊。"

---

[1]《史记》:其后秦伐赵,拔石城。明年,复攻赵,杀二万人。
[2]《史记》:秦王使使者告赵王,欲与王为好会于西河外渑池。赵王畏秦,欲毋行。

赵王面露难色："可就算我去了，秦王也可能当众羞辱我啊，那不还是有损赵国的颜面。况且，若他们借机攻打我们怎么办？"

蔺相如语气坚定："赵王放心，有我在场，他们休想侮辱赵国。至于您担心的第二件事，我相信忠勇如斯的廉颇将军会牢牢守住赵国。有他在，任谁都别想攻进来。"

廉颇听罢看向蔺相如，可他并没有回望过来，而是目光如炬地看向前方，坚毅无比。

此时赵王还是稍显犹豫，于是廉颇开口说道："您忘了蔺相如是如何完璧归赵的吗？"

而后他顿了顿，又道：

"我相信他。"

终于，赵王松了口，点头应允下来。

第二日，廉颇为赵王送行。

"此番前去，路程与会面时间加起来不超过一个月。若三十天后您还未返还，那便请您准许立太子为王，以使秦王无力要挟，也好保证您的安全[1]。"

廉颇向另一侧那个身着白衣的羸弱文人看去，但那人全程都没有看他一眼。

残阳如血，风沙漫天，赵王的队伍启程了。

迎着那轮巨大的落日，余晖给蔺相如周身镀上了一层淡淡的光晕，他跨坐在马上，突然回过头来。

"赵国的安危交给你了。"

廉颇一怔，而后郑重点了点头。

"赵国的尊严也交给你了。"

---

[1]《史记》：廉颇送至境，与王诀曰："王行，度道里会遇之礼毕，还，不过三十日。三十日不还，则请立太子为王。以绝秦望。"

廉颇等了足足半月，终于等到了那边传来的消息。

据说在宴会上，秦王喝多了酒，指着赵王说："听说你喜欢音乐，何不趁着今日弹一曲？"

于是赵王便弹瑟一曲。

秦国史官顺势立刻记载：某年月日，秦王与赵王会饮，令赵王鼓瑟[1]。

蔺相如见此，便上前一步说："听闻秦王善奏秦地土乐，请您演奏一曲。"说罢，呈上瓦缻，跪请秦王演奏。

秦王立刻生气地摇头拒绝。

蔺相如似是早就预料到了如此，于是高声道："既然如此，若是敝人在五步之内自杀，那敝人颈中的血怕是要溅到您身上了。"

秦王的侍从见状，连忙上前想要杀掉蔺相如。只见蔺相如毫无惧色，怒目圆睁，眼神中满是狠意，张口便向这些人怒骂起来。侍从们面面相觑，竟被生生吓退了几步。

于是秦王很勉强地击了一下缻。

蔺相如立刻回头示意赵国的史官写道：某年月日，秦王为赵王击缻[2]。

不多时，秦国的群臣又说："请赵王用十五座城池为秦王献礼。"

蔺相如也同样回道："那请秦王用咸阳为赵王献礼[3]。"

廉颇听着士兵汇报到此处，不禁在心里笑出了声。

这个蔺相如，看起来似文弱书生，没想到嘴巴真是厉害。一场宴会下来，秦国半点便宜都没占到。

一旁的士兵见廉颇久久没说话，便开口说：

---

[1]《史记》：秦王饮酒酣，曰："寡人窃闻赵王好音，请奏瑟。"赵王鼓瑟。秦御史前书曰："某年月日，秦王与赵王会饮，令赵王鼓瑟。"

[2]《史记》：蔺相如前曰："赵王窃闻秦王善为秦声，请奏盆缻秦王，以相娱乐。"秦王怒，不许。于是相如前进缻，因跪请秦王。秦王不肯击缻。相如曰："五步之内，相如请得以颈血溅大王矣！"左右欲刃相如，相如张目叱之，左右皆靡。于是秦王不怿，为一击缻。相如顾召赵御史书曰："某年月日，秦王为赵王击缻。"

[3]《史记》：秦之群臣曰："请以赵十五城为秦王寿。"蔺相如亦曰："请以秦之咸阳为赵王寿。"秦王竟酒，终不能加胜于赵。

"蔺相如敢在秦国如此伶牙俐齿,还不都是因为将军部署了大批军队,若秦王敢有什么动作,将军便会直接攻过去,否则哪里容得他有底气舞弄话术。"

廉颇听后眉头微蹙,半晌后看向士兵,正色道:

"蔺相如乃敢为国向死之人,不可如此说他。"

一月后,蔺相如与赵王如期返回。

由于渑池会盟顺利结束,赵国也维护住了尊严,赵王十分满意,再次在宫中摆设筵席,不仅如此,还在席上封蔺相如为上卿[1]。

一时间议论声四起,大家都在小声质疑这官职未免高了些,比上阵杀敌的廉颇将军都要高。

廉颇倒是没有一丝不悦,而是满意地看向在席间应酬他人、道贺敬酒的蔺相如。

等蔺相如席前的人散了大半,廉颇才拿起酒杯,同样前去祝贺。

"恭喜。"廉颇低头看向蔺相如,唇畔带笑。

蔺相如却只淡淡回了两个字:"多谢。"

这时又有别人前来敬酒,蔺相如立刻站起身端起杯子,热情有礼地回应。

廉颇愣在原地,握住酒杯的指节不禁有些发白。

廉颇回到自己的座位,他以为经过上次一事,他们的关系会缓和许多,可现在看来,竟连陌生人都比不上。

廉颇目色阴郁地看向蔺相如那边,一杯接一杯地仰头喝着酒。

旁人看到廉颇脸色吓人,都纷纷猜测定是蔺相如官职太高,将军生气了。

廉颇连饮了三大壶酒,而后"噌"地站起身来,走到蔺相如席前,扯起他便向殿外走去。

"你干什么?"

1《史记》:既罢归国,以相如功大,拜为上卿,位在廉颇之右。

廉颇足足半晌都没说出来话,他似乎也没想好此番要说些什么,于是过了半天才憋出来一句。

"我什么地方得罪你了?"

蔺相如径直道:"你没道歉。"

"道歉?"廉颇一愣,反应了一会儿才开口问,"因为第一次见面时那件事?"

蔺相如点点头。

廉颇身为一介大将军,还从未道歉过。况且就因为这一件事,蔺相如竟如此冷待自己。

几种情绪一时齐涌而来,加上喝了酒,廉颇嘴唇紧抿着,到底也没开口。

蔺相如往前探了半步,轻声道:"将军当真不道歉?"

他越是如此说,廉颇血液里武将的骄傲便越是让他扬起头,一言不发。

蔺相如见状,也不多言,说了句"将军告退"便离开了。

不多日,朝中便流传起廉颇瞧不起蔺相如的言论,还越传越真。

有人说自己亲眼看见将军在宴席上神色阴冷,愤恨地看着上卿,恨不得手刃了他。

廉颇听着离谱的传言,觉得无言至极。旁人试探着问他是否真的恨蔺相如,廉颇觉得甚是好笑,于是道:"是,还得骂一顿才解气。"

于是流言又多了一条:将军扬言要狠狠羞辱上卿。

廉颇本就觉得清者自清,根本无须解释,可日子久了,廉颇才发现大家似乎真的认为他十分厌恶蔺相如,更是瞧不起文官。

更令他无措的是,好几次他们本有机会碰面,蔺相如远远瞧见他,便匆匆转头离开了。而且凡是廉颇会露面的场合,蔺相如也都称病不出现。

久而久之,廉颇有些慌了。

他回忆起上次见面时自己的反应,不禁懊悔起来。自己那副骄傲的样子,怕是任谁都会默认自己认为文不如武。

直到这日,他要去找赵王商讨要事,却在游廊拐角处不留神听见蔺相如与门客的对话。

门客似乎是在规劝他:"我们之所以来侍奉您,就是因为您高洁不屈的品格。将军不悦您,您却畏首畏尾地躲着他,也太过胆怯了。"

蔺相如语气平和:"我并不惧怕将军,只是我知道秦国不敢对我们怎么样,是因为我们二人在。若我与将军相争,便会如二虎相斗,他国得利。所以我不过是把国家的危难放在前面罢了。"

廉颇听后,心中百味杂陈,蔺相如果然误会了自己的意思。可令他没想到的是,蔺相如的避而不见竟是为大局考虑。

于是他在回军队的路上,越想越不是滋味。他在被误解的情况下都能如此大度,自己却硬着颈项连句道歉都未曾说。

廉颇看到路边的荆条,犹豫了下,终是脱掉上衣,背负荆条向蔺相如家走去。

"对不起,上卿。"廉颇敲开蔺相如家门,道歉道,"我没……"

廉颇说到此处,才抬头看见门内宾客众多,都愕然看向自己。

"将军怎的如此。"蔺相如连忙将他扶起,朗声道,"明明不是什么大事,将军竟愿前来负荆请罪,真是令人佩服。"

廉颇愣了一下,而后道:"也不是请罪,我只是觉得自己……"

蔺相如却打断他,笑着转身对众人说,"将军与如此诚心,我岂有不原谅的道理?"

宾客们见状皆鼓起掌来,纷纷赞叹道:"将军与上卿可真是将相和啊!"

廉颇反应了一会儿,看向蔺相如,低声问:"等等,你是故意的吧?"

蔺相如转过身来背对众人,嘴角挑起一抹笑,轻声道:"故意又如何,将军终于道歉了。"

"你……"廉颇摇了摇头，终是笑着叹了口气。

"听说你过阵子又要出使外邦，祝你这次也完璧归赵。"廉颇嘱托道。

蔺相如微微眯起眼，语气带了点疑惑。

"完璧归赵……这不是你同我说的第一句话吗，可我这次又没带美玉。"

廉颇望向蔺相如黑白分明的眸子。

"我说的璧，指的可从来不是和氏璧。"

·正在循环播放·

《不和好就拉倒》主题曲试听

陈文帝
- **头衔：** 宣昭皇帝
- **形象：** 容颜瑰伟、雅量瑰姿
- **事迹：** 诛暴君、统一北方、收复西域

韩子高
- **头衔：** 右卫将军
- **形象：** 恭敬谨慎、容貌美丽
- **事迹：** 随讨张彪、礼贤下士

公元551年，侯景之乱。

一个十四五岁的少年瑟缩在残垣旁，不远处刀光剑影，两军正激烈对战着。

破旧的兜帽罩住少年的头，仅能露出额间的一点碎发。他把头紧紧埋在膝盖上，双手牢牢环住小腿，整个身体微微颤抖，似是不敢看周围堆积如山的尸体。

"这儿还有一个！"旁边突然响起粗野的男声。

那是个身穿铠甲的士兵，正高高举起沾满黑血的刀，要向少年砍来。

少年闻声抬起头，兜帽顺着发间滑落，露出他的脸来。那是张清秀白皙的面庞，蛾眉如黛，明眸似水。双颊上沾了点血迹与泥土，更显得整个人凄楚可怜。

士兵手中下落的刀猝然停住了。那刀在空中微微晃了晃，终是被缓缓放了下来。

"你……"

"你走吧。"

韩蛮子已经数不清这是自己第几次死里逃生了。旁人都说多亏他生得漂亮，才能次次都捡回一条命。

可韩蛮子觉得，与其过这种颠沛流离胆战心惊的生活，还不如痛痛快快死了。

他家世卑微，世代靠做鞋为生，但就算是贫寒如斯，那也总归是个家。而自从战争开始，他便连这仅有的温暖都没了。

一年后,太清之难终于结束了。韩蛮子又独自辗转了数月,随后打算同部队返乡。

他衣着破败,看着周围忙碌的人群,心底不由涌起一丝悲凉。

说是返乡,但自己的归处又在哪里呢?

韩蛮子叹了口气。正当他要登上队伍的马车时,一匹黝黑矫健的战马忽然在他面前停下来。他向上望去,那是一个英俊潇洒的将军,身披铠甲,正对他微微笑着。

"要回家了?"将军嗓音低沉。

韩蛮子张了张嘴没说话。

将军看他欲言又止的样子,似乎懂了什么,而后问道:

"怕不怕吃苦?"

韩蛮子摇了摇头。

将军俯身向韩蛮子伸出了手,"那,要跟我走吗?"

韩蛮子看向将军宛如暖阳般和煦的笑,犹豫了下,随即认真地点了点头。

韩蛮子纤弱清瘦,将军稍稍用力便将他提上了马,随后他双脚一磕,战马嘶鸣一声飞驰了出去。

骏马蹄疾,韩蛮子只觉耳畔的风呼呼作响,快到感觉自己随时会摔下去。

将军似乎察觉到了他的犹豫,于是微微侧过头。

"没关系,抓紧点。"

3

韩蛮子并不知道这个男人是谁,只是他现在无家可归,而这个人愿意带他走。而且说不上为什么,自己对他有种信任感。

后来到了这人的府邸,韩蛮子才知道他叫陈蒨,是陈霸先的侄子,现在负责镇守吴兴。

"过来。"陈蒨伸手唤了唤韩蛮子。

---

1 《陈书·卷二十·列传第十四》:景平,文帝出守吴兴,子高年十六,为总角……于淮渚附部伍寄载欲还乡。文帝见而问之,曰"能事我乎?"子高许诺。

韩蛮子垂着头走过去,纤长的睫毛在他脸上投下一圈阴影。一阵风吹过,鬓边的碎发擦过韩蛮子的嘴唇,让他觉得有些痒,于是不禁伸出手抓挠了一下。

陈蒨忽然不继续讲话了,只是凝眸看着他。

许是觉察到对方的不适,陈蒨清了清嗓,开口问道:"会不会剑术?"

韩蛮子想了想道:"原本不会,后来在战场上学了点,不多,堪堪防身。"

陈蒨命下人送来一把剑,递给韩蛮子。

"那以后就做我的侍卫吧。"

韩蛮子正想问自己这水平如何做侍卫,却瞧见陈蒨笃定不移的眼神,于是又把话咽了回去。

"韩蛮子这名字不大雅,以后叫你韩子高如何?[1]"

他乖巧地点了点头。

陈蒨说罢又转头吩咐下人:"帮他换身干净衣服,再准备些热饭、热菜,不得有怠慢。"

韩子高听着这番话,心中突然涌起一丝温暖。自从他没了家,还未有人这样关心过他。

这时,一个士兵忽然来禀报了什么,陈蒨立刻站起身往书房走去。韩子高看着陈蒨转身离去的背影,犹豫了片刻,而后高声道:

"子高定不负将军厚望,好好习剑,以后保护好将军!"

声音清脆坚定。

陈蒨听罢停下脚步,转过头来笑了笑。

"好。"

从那天起,韩子高便如自己承诺的,日夜不停地跟着老师刻苦习剑,有时更是练到东方露白才肯回房间稍稍休息会儿。

---

1 《陈书·卷二十·列传第十四》:子高本名蛮子,文帝改名之。

而在这期间边境战事频发，由于下属贪生怕死，办事不力，陈蒨常常大发雷霆。韩子高每每听到，只恨自己武艺不精，不能替陈蒨分忧解难，于是更加勤奋练习。

这日，韩子高正在院中习剑，一个下人急匆匆跑了过来。

"将军正发怒，让您去一下。"

"让我去？"

韩子高收了剑，一脸不解地随下人前往。

他刚一走进书房，便看到地上尽是散乱的文卷与摔碎的瓷器。

"将军。"

韩子高试探地唤了一声。

陈蒨正背对房门负手而立，听闻韩子高的声音，缓缓转过身来。

韩子高本以为陈蒨脸色会十分难看，没想到他看向自己那一刻，眉头竟是舒展的。

"将军……可在发怒？"韩子高疑惑道。

陈蒨径直踩着一地狼藉走过来，看着韩子高的眼睛。

"原本是。见到你便好了些，以后你都过来吧[1]。"

韩子高听罢，忽觉心头划过一丝什么，而后低下头小声道："可我什么都做不了啊。"

韩子高说完，耳边迟迟没响起陈蒨的回答。他猜想自己说错了话，于是抬起头偷偷瞄向陈蒨。

只见陈蒨正抱着胸闭口不语，默默垂眼看着自己，似乎在等他重新修正刚才的话。

"那以后将军心情不好，我都来陪您。"

陈蒨的脸上倏尔带笑。

韩子高见陈蒨的反应，只觉心底有些莫名的喜悦。

---

[1]《陈书·卷二十·列传第十四》：性恭谨，勤于侍奉，恒执备身刀及传酒炙。文帝性急，子高恒会意旨。

这以后,陈蒨每次发怒,韩子高都会前去陪伴陈蒨,开导安慰他。

这日陈蒨的下属前来汇报战况,正要走出屋门离开,遇上韩子高过来,于是好奇问道:"军中都传你能化解将军怒气,究竟是为何?"

韩子高被问得一怔,而后迟疑了一下,又摇了摇头。

将领离开后,韩子高身后突然响起陈蒨的声音:"子高不知吗?"

韩子高闻声吓了一跳,而后垂下头做思考状,半晌后回道:"在下不知。"

陈蒨绕到他面前,向韩子高迈了一步:"子高当真不知?"

韩子高连忙后退一步,支吾着岔开话题。

"我,我新练了一段剑舞,将军可想看?"

"好。"陈蒨直起身来,饶有兴趣地点点头。

韩子高拱了拱手,摆出起势,随后抽出利剑飞舞起来。

宝剑宛如一条银蛇,锋芒凛冽,嘶嘶破风。随即他手腕轻转,剑锋顺势绽开一朵银色的剑花,一招一式间,似要斩尽秋风肃杀。

陈蒨在一旁默默看着,他着实没想到不过短短半年时间,韩子高竟进步如此神速。

韩子高的头发由于没束紧,随着衣袖蹁跹,不小心散落开来,三千青丝宛如绸缎,泛着淡淡的光泽,远远看来,恍若天上下凡的仙人。

舞毕,韩子高正欲做完最后的收势,没承想一块地砖没有铺平,他脚下一歪,竟直直向棱角分明的方柱栽去。

陈蒨眼疾手快,飞身而起,将韩子高一把拉了回来。

韩子高惊魂未定地深吸了好几口气,而后满脸自责地收了剑。

"你无需自责,武艺本是循序渐进的。"

韩子高抬起头看向陈蒨,他从未问过陈蒨为何会对自己这么好,像是爱护年少的弟弟一般。想到这里,他忽地胆怯起来,而后将要问的话咽了回去。

6

两年后，陈霸先即位，陈蒨被封为临川王。

十八岁的韩子高也比初来府时长高了不少，身材均匀纤长。面容除了出落得更柔美俊秀，并未有太多改变。不同的是他那双白净细嫩的手，现在虎口处已满是茧子。

这天深夜，韩子高正在院中练剑，一个没留神，手上的剑飞了出去。

"想什么呢？"

韩子高吓了一跳，向旁边看去。只见陈蒨一袭铠甲，手上稳稳地接住了剑。

"您什么时候回来的？"韩子高惊喜地向陈蒨走去。

"刚刚。"陈蒨看着韩子高亮晶晶的眼眸。

韩子高这时才注意到陈蒨面上满是倦容，还有些许泥土，这定是下了战场便日夜兼程地赶了回来。

韩子高低头道："我去给您打点水擦擦脸。"说罢转身便要去后院。

陈蒨拦住他："时间宝贵……萧勃举兵造反，周文育和侯安都又战败。我只是回来办点急事，明早便要回去护驾。"

他正想继续问是什么事，陈蒨却径直开口继续道："那夜我梦到骑马登山，山路艰险无比，我马上就要摔下山崖。我当时害怕极了。可随后你便出现，托住我飞过了危崖[1]。"陈蒨看着韩子高，目光炯炯。

韩子高一直以为自己毫无用处，陈蒨危急时断不可能想起自己，没想到……

韩子高低头想了想，而后猛然抬起头。

"请让在下明天陪您一起走吧。"

陈蒨显然没想到他会如此说。

"您曾问在下是否愿意吃苦，可在下来了您的府邸后，您都是锦衣玉食款待，从未让在下受半分苦。我刻苦练剑，只为有朝一日能成为您的左膀右臂，追随您征战沙场，时常侍奉您左右。"

陈蒨愣了半晌，而后笑了起来。

1《陈书·卷二十·列传第十四》：文帝尝梦见骑马登山，路危欲堕，子高推捧而升。

"好啊。"

韩子高见陈蒨答应，心中松了一口气。

随后，陈蒨又粗略教了他一些兵法。

风波过去后，陈武帝命陈蒨到南皖筑城坚守。

坚守期间，陈蒨的每条指示韩子高都会尽力执行，闲暇时，也会亲自照料陈蒨，如同在府中时一样。

除此以外，韩子高更是虚心好学。天资聪颖的他进步神速，尤其是骑射水平，一时间军中无二。

陈蒨见他水平已差不多，于是决定带他上战场实战一下。

暮云低合，旌旗猎猎。风沙中，两军如出笼的猛兽般嘶吼着冲向对方。

周围的刀剑撞击声此起彼伏，有人血流如注，有人从马上掉落，横尸于地。韩子高骑在战马上，手上紧紧握着剑，眼睛却如受惊的鹿般看着四下。恍惚间，韩子高只觉得自己正身处几年前，侯景之乱的时候。

忽然，一名敌军砍向韩子高战马的后腿，韩子高瞬间失了重心，摔落在地。

他刚要爬起，那名敌军却已经高高举起了刀，要向他劈来。

这一幕让韩子高瞬间回忆起自己的梦魇。一时间，他几乎忘记了自己会的所有剑术，一下子变回了那个蜷缩着瑟瑟发抖的少年。

"锵！"一声尖厉的琮铮声把韩子高拉回到现实。

陈蒨手中举着宝剑，剑锋正牢牢抵住那把刀。

"快走！"

韩子高点了点头连忙起身。回首间，他看见陈蒨眼色发狠，一个反手，那人颈间已鲜血四溅。

这场小规模战役终是以陈军胜利告终。

是夜，韩子高垂头坐在篝火旁，神情自责无比。突然，一双战靴进入他的视线。

韩子高紧紧咬着下嘴唇，没说话。他随陈蒨来到军营，就是为了能常常侍奉他，或是在战场上能帮助到他。可结果……

陈蒨似乎看出他的想法，于是坐到他旁边，语气轻松。

"没关系，这毕竟是子高第一次上战场。待你变厉害了，再换你保护我，可好？"

韩子高没想到陈蒨会如此维护自己的尊严，忽觉心头泛酸。

自那天起，韩子高便宛如换了一个人。

他眸子里的软弱与退缩慢慢消失了，取而代之的是坚毅与果敢。此后每每发生战役，他也咬着牙第一个冲在前面，再无惧缩。

渐渐地，他的实战经验丰富起来，也如陈蒨所说，越来越英勇厉害。

韩子高如同一个被封印的战神，因为某些东西，终于冲破了一直禁锢自己的牢笼，在战场上越发绽出夺目的光来。

再后来，他已能以一敌十，独自立下累累战功。可即使是这样，在他浴血杀敌时，还是总能感觉有一道目光时刻关注着自己。

公元559年，陈武帝忽然逝世。

陈朝此时外有强敌，内无嫡嗣，情况十分危急，而此时能继承大统的，唯有陈蒨一人。

因此陈蒨奉命赶回朝中，即刻登基。

月光下，已是帝王的陈蒨站在阁顶，他衣冠华丽，俯看着整个皇城。

韩子高站在一旁，轻轻为他搭上一件披风。他似是刚下战场，铠甲上还满是血污。

陈蒨转过身来，仔细地看着韩子高。

那个曾经纤细易碎的少年，已经成长为一名坚毅如铁的战士。他的面容依旧柔美，只是眉宇间不复柔弱，满是冷峻英气。

"子高，现在我已是这天下的王，你不用再陪我出生入死。你想要什么，高官、厚禄，我都给你。"

韩子高想了片刻，半跪在地。

"现在仍有内乱，臣别无他求，只求能继续为陛下征战四方。"

"你不想留在这宫中享受清福吗？"

韩子高抬起头，眼神坚定。

"臣年少时，您守护我。"

"现在请让臣守护您的江山。"

即日，韩子高便被封为右军将军。

朝中质疑声四起，可陈蒨一概不闻，依旧放心将兵权交给韩子高。不仅如此，随着韩子高统领的将士增多，凡是他提拔的人，陈蒨也都会无一例外地加以重用。

韩子高没有辜负陈蒨的信任。

在陈蒨执政的数年间，韩子高率军肃清内乱，南征北战，屡立奇功。先是平定王琳叛乱，出征南讨，后又平定陈宝应等。

更是在征讨留异时，单枪匹马杀入敌阵，即使搏斗时被伤了左颈，也未放下手中的剑。他知道，有道目光在遥远的帝都时刻关注着自己，他不能死，更不能放弃。

陈蒨也没有辜负韩子高用性命守护的河山。

他成了一个英明神武的君主，励精图治，兴修水利，整顿吏治。

一时间，陈朝百姓生活富足安定，政治清明，草满囹圄。

公元565年，韩子高镇守领军府时，宫中突然传来噩耗——陈蒨病重。

韩子高闻讯，立刻交付了自己的一切事宜，马不停蹄回到宫中。

自这天起，韩子高便揽过所有照料陈蒨的大小事宜，每日煎药喂药，不眠不休地侍奉在陈蒨的病榻前。

陈蒨劝他莫做这些努力，回到战场上去。韩子高却摇头拒绝。

"若您不在，我护这国又有何用？"

有了韩子高细致入微的照顾，陈蒨暗淡无光的双眼重新有了些神韵。可即便如此，他的身体依旧每况愈下。

一年后，陈蒨病危。

临终前，陈蒨屏退了所有下人，偌大的殿中仅留了韩子高一人。

陈蒨此时已几乎无力说话，但他还是忧心忡忡地看向韩子高，嘶哑道："你如此出色，在军中威望甚高。若我一走，安成王陈顼定会对你不利。"

韩子高跪伏在陈蒨床前，握住他的手安慰道："臣会保护好自己的。"

陈蒨却仿佛预见到什么般，叹了口气，而后喃喃问："子高，你可后悔跟随我？"

陈蒨的声音越来越轻。

韩子高看着那双曾常常注视自己的眼缓缓合上，直到他再也看不见自己的倒影。

他眼中升起雾气，柔声道：

"臣，九死不悔。"

公元566年，陈文帝逝世。

他生前留下旨意，命人在陵前铸两只麒麟。不过不同于其他皇帝的一雄一雌，这两只都是雄麒麟。

一年后，他恐惧的事果然发生了，陈顼下令赐死韩子高。

韩子高知道消息后，却没有一丝惊慌。他轻松得仿佛不是去赴死，像是喜悦如终于得以去见谁。

弥留之际，他最后看了眼腰间陈蒨的佩剑，而后抬起头。

他眼前似乎有匹战马，马上是位英俊潇洒的将军，身披铠甲，正对他温柔笑着。

"要跟我走吗？"

韩子高依旧是少年模样，落叶擦着他的发梢飘落。

他笑着伸出手。

"好。"

九死不悔

·正在循环播放·

《九死不悔》同名单曲

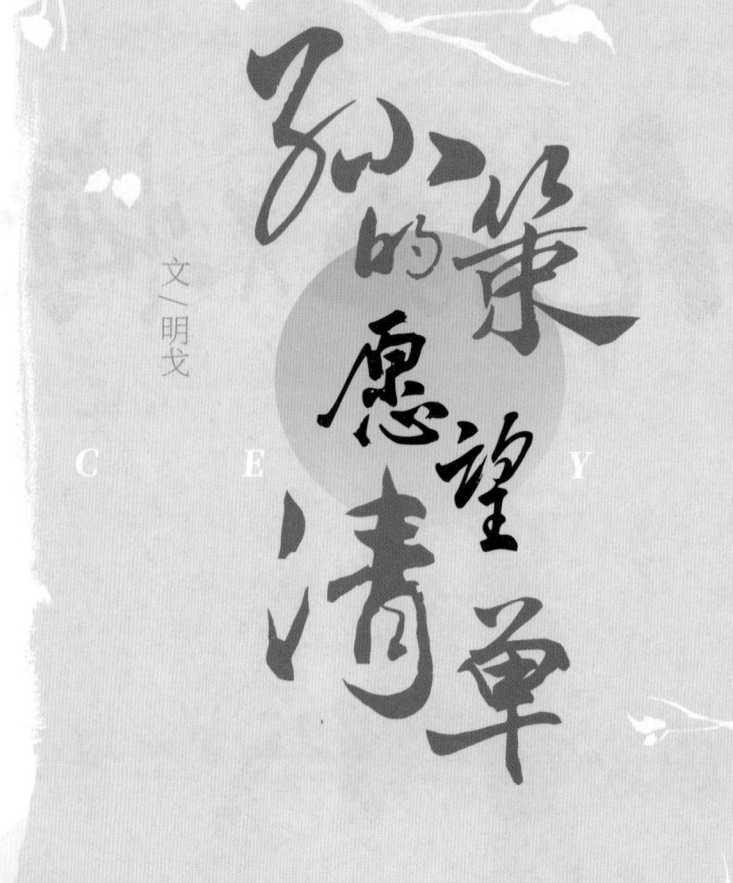

文/明戈

孙策 × 周瑜

江东小霸王／东吴大都督

SUNCEDEYUANWANGQINGDAN

总角之好，骨肉之分。

孙策
- **头衔**：讨逆将军
- **性格**：江东小霸王
- **事迹**：平定会稽、决裂袁术、占据江东五郡

周瑜
- **头衔**：江东风流美丈夫
- **形象**：智计双全、相貌俊美
- **事迹**：辅平江东、开拓荆州、赤壁破曹

一身着盔甲的男子在树下静默站着，英姿飒爽。

他剑眉微蹙，低头看了看自己的铠甲，而后环顾了下四周，似是在疑惑自己是谁，又身处何处。

随后他稍稍垂首，修长的手指翻动起一本薄册——伯符夙愿册。

册子似乎是由他的愿望凝结而成。男子满是薄茧的指尖拂过一行行字，随着指尖的滑动，他皱起的眉头微微展开来，而后眼角竟带了笑意。

他望向面前，恍惚看到了一些被遗忘的画面。

◆ 一愿乱世知己逢 ◆

"真是不畅快！"

孙策一边在林中暴走，一边高声抱怨。

今日他已拜访过三个名士了，结果没遇到一个志趣相投的人，总是聊到一半便开始话不投机。

孙策的父亲在外征战，孙策虽留在寿春，但自十岁出头便知道需结交名士[1]，

---

[1]《江表传》。

壮大自己的实力。

众人都说他有股天生的英雄气质,定能成大事,也有不少人看中了他的能力,拍着肩膀说愿意交他这个朋友。

可孙策知道,这种朋友大多不牢靠,交得多了,心中反而有些空落落的。

盟友易寻,知音难觅。

"唉!"向来张扬不羁的孙策,难得重重叹了口气。

"伯符为何叹气?"

身后忽然传来一道温润男声。

孙策猛地转过头去,只见一少年正负手站在不远处。

"你是何人?"孙策上下打量着这个同自己年纪相仿的漂亮少年。少年缓步走来,脸上好像还挂着一丝若有若无的笑意。

"在下周瑜。"少年走到孙策面前,垂头一拱手,而后忽地抬起头来,深潭般的眸子直直对上孙策探究的眼。

一向天不怕地不怕的孙策竟被这直率的目光弄得瞬时红了脸,而后胡乱清了清嗓,草草问道:"所为何事?"

"慕君已久,前来结友。"

那双墨黑的眼里,是孙策从未见过的真诚。

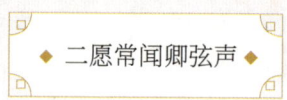

◆ 二愿常闻卿弦声 ◆

孙策是听过周氏的名声的,周氏乃当地世家大族,周公瑾温润俊美,更善音律。孙策本以为在这乱世,周瑜定非成大事者。

不想交谈间,二人目标竟出奇一致,也都想成就一番霸业。孙策许久未聊得如此畅快了。

少年风发的意气足以点亮长夜,山月悠悠,长亭无寐。

"若有需要，周瑜当鼎力相助。"

周瑜字字铿锵。

中平六年，孙坚前去讨伐董卓，周瑜劝说孙策与他一同回舒城，自己家大业大，可提供不少帮助。

"伯符，这宅院赠予你。"

"伯符，以后你用什么都跟我说，我的便是你的。"

"伯符，从今以后，你的母亲也是我的母亲。"

孙策看着一旁同自己升堂拜母[1]的周瑜，心底似乎有什么动了一下。

不过日子久了，两人的交流却远不如从前多。

二人虽一同吃住，可孙策忙着四处结交江淮名士，周瑜见状后，也经常不见了踪影，二人似是各有所忙。打了照面，周瑜仅仅点头一笑，并无多看孙策之意。

孙策看着手中的霸王枪，只觉胸口堵了些什么似的。终于，孙策没忍住，拿了壶酒前去找周瑜。

"公瑾，喝酒。"孙策把枪一扔，叉腿便坐到了桌前。

周瑜正在抚琴，见他有些烦躁的模样，思索了片刻，而后问道："伯符，你觉得人在世一生，该做什么？"

孙策倒了杯酒，一饮而尽。

"七尺男儿，该成霸业、骑骏马、踏山河。"

"那除此之外，你还有其他愿望吗？"周瑜止了琴声，抬起头，眸色如潭。

孙策听后愣了一下，周瑜见他无应答，也接连举杯饮起酒来。

直至周瑜醉到耳尖微微泛红，孙策忽然走到琴前。

他不善音律，弹得不堪入耳，可仍然执拗地弹着，周瑜也一直没有回头。

"曲有误，周郎为何不顾？"孙策问。

周瑜轻声道："皆为所愿，何误之有？"

孙策的愿望清单

---

1 《三国志·吴书·周瑜传》。

三愿天助横江渡

不久后，孙策父亲去世。他们一家搬离了舒县，孙策也不得不跟随袁术左右。为成霸业，为父报仇，孙策只得隐忍蛰伏。

守孝结束后，孙策以为父报仇为由，向袁术讨要父亲的旧部，可袁术不愿将孙坚的旧部还给孙策，孙策只得携百人攻打山贼，以少胜多，大获全胜。孙策率兵再次求见后，袁术才将旧部还给他，可也不过一千余人。

可孙策不在乎，他眼底是愈发的狠戾。发现犯法的骑兵[1]，手起刀落，就地诛杀，更不用说对敌人。

而后，袁术又向孙策承诺任他为九江太守，孙策为其出生入死，可袁术屡屡食言，只拿他当作武器一柄。

既为快刀，哪里有心？

隐忍负重的夜里，孙策常常想起那些自己舍弃的尊严、狂傲，还有……

他脑海里又浮现出那个抚琴的人，和那双满是赤诚的眼。

终于，孙策得到了前往江东的机会。于是他立刻携兵一千余人，离开了寿春。可惜军队人数不足，粮草匮乏。"若想东渡，唯有天助。"

孙策遥遥望向远方，眉头紧锁。就在这时，一支浩浩荡荡的大军向自己迎来，为首的正是周瑜。

"你……"孙策看着整装待发的大军与充沛的船只粮草，不禁哑然。

周瑜笑了笑，朗然道："忘了吗，只要伯符需要，瑜当鼎力相助。"

孙策看着老天，摇了摇头，而后对周瑜笑起来。

"吾得卿，谐也[2]。"

1 《三国志·卷四十六·吴书一》。
2 《三国志·吴书·周瑜传》。

◆ 四愿携卿镇江东 ◆

历阳相遇后,周瑜陪着孙策先克横江、当利,又挥师渡江。

孙策本就是军事奇才,周瑜更是胆略过人。二人连珠合璧,节节告胜,打得扬州刺史刘繇卸甲而逃。前后不过十几天的时间,孙策的军队人数便多了两万余人。整个江东,都知晓他的威名。

二人站在阁顶,看着得之不易的成就,碰了碰酒杯。

"多谢公瑾,我们离愿望达成越来越近了。"孙策眼角带笑,"多年前,也是这样一个夜晚,我们谈论着天下大事,与成霸业之念。转眼间……"

说罢豪爽地又饮了一大口酒。

周瑜看向那轮明月,口中喃喃:"伯符可知我的愿望是何?"

孙策挑了挑眉,等着周瑜继续说下去。

"……成霸业。"周瑜说得含糊,前面两个字草草带过,让人听得不甚分明。孙策微微一怔,似花了点时间分辨,而后猝然大笑。

"我知道是成霸业,不是和多年前一样吗,公瑾何故重复一遍?"孙策爽朗地笑着,"来,喝酒喝酒!"

周瑜露出一丝不着痕迹的失意,而后也附和着笑起来:"好,喝酒。"

直至东方露白,孙策犹豫着开口:"现今,我用这支部队攻取吴郡,平定山越已足,公瑾别留在我身边了。回去……守丹阳吧。"

周瑜听后连头都没抬,只是温润和声道:"好。"

不多时,孙策看着周瑜驾马远去的颀长身影,心中不由忆起他曾经的话。

除此之外,你还有其他愿望吗?

孙策干脆利落地转身,回到军营继续研究起布防图,眼底却藏着一抹深沉。

非我不留君。只是我愿的……

都是不该的。

> 孙策的愿望清单 ①

◆ 五愿周郎守霸业 ◆

三年后。

"什么?你说袁术想收了周瑜?"

孙策听到属下来报后,一拍桌子站了起来,声音阴冷。

"那周瑜那边什么反应?"

属下声音发抖,回禀道:"属……属下还不知,只知袁术欲意封其为将军。"

孙策江东小霸王的名号不是说说而已,一点厉声,全军上下,无不敬惧。

孙策知道自己在别扭什么。

虽说是自己让他去守丹阳的,可听此消息,胸中依旧满是火气。

一连数月,孙策都带着情绪,搞得身边的官兵惴惴不安。这日,正当他大步流星离开军营,打算去透气时,远处传来一声战马嘶鸣声。

孙策望去,只见马背上那英姿雄发的男子,不是周瑜又是谁?

马蹄哒哒靠近,周瑜还是那般温润如玉的模样。

"袁术封我当将军,我没答应。"周瑜笑道,"不知投奔伯符,待遇如何?"

经过数月难捱的时光,孙策看着回来的人,终是难掩欣喜,一双狭长的眸子满是笑意。

周瑜见孙策没说话,故意道:"既然伯符不留,那我只得回袁……"

"留!"孙策连忙打断周瑜,"授公瑾为建威中郎将,调拨士兵两千,战骑五十,赐吹鼓乐队,另修建住所,可好?"

孙策急急说着,不远处的将士听见后无不惊讶,周瑜的赏赐之厚,军中无人能及。

后来,军营中每有人议论此事,孙策都会正色维护道:"周公瑾的才能无与伦比,曾倾力助孤。再者,孤与其有总角之好,骨肉之分,这点赏赐算什么?"

当时周瑜年仅二十四岁,吴郡人都称呼他为"周郎"。

周瑜的确不辱厚望,他先与孙策分率两万士兵袭取皖城,后又平定了豫章、庐陵一带,不断扩张着孙策的版图。

江东双璧,一时间,风头无二。

直到……

◆ 六愿销骨为东风 ◆

"给我备好最快的马！既然当年将兵相迎，现在便将兵赴丧。"周瑜悲痛欲绝，伤神道。

"我最大的愿望便是陪你成霸业……"

周瑜青丝散乱，眼中满是血丝，站在灵位前立誓。

"卿可放心。末将率三军立誓，将辅佐少主。"

"生死无悔，永固江东。"

这是……孙策看着眼前一幕幕的画面，一切记忆似乎正缓缓逆流回他的大脑。想起来了。

原来自己早在建安五年，山中打猎时便遇刺身亡了，而那时自己刚同周瑜定下袭击许都的计划不久。

眼前的画面依旧在闪现。

孙策看到周瑜不眠不休地待在军营内，同将士们商议战局；看到周瑜尽心尽力辅佐孙权，稳固着孙氏的江东；看到周瑜率军进驻夏口，全力抵御曹操登陆江南。

也看到自己许下的最后一个愿望——愿以吾忆，化赤壁东风。

既然现在自己一切都想起来了，那证明……

孙策转过身，看到身后的周瑜正温润而立。

他摇摇头，而后释然一笑。

"两年前，赤壁那战打得漂亮。"

周瑜颔首，同样笑道："多亏伯符的东风。"而后顿了顿，似乎想起来了什么，问道："伯符尚未回答我，抛开该做的，伯符还有何愿望？"

孙策手持霸王枪，笑得明朗坦荡。

"愿闻卿弦声，度岁岁年年。"

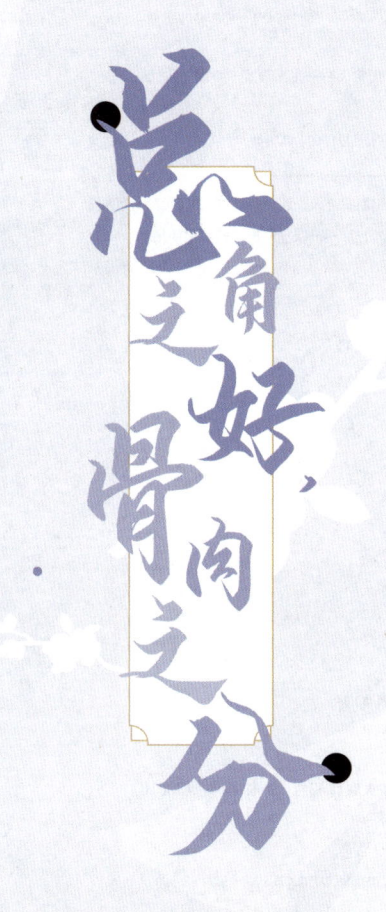

图书在版编目（CIP）数据

落花逢知己／冯潮编著.—武汉：长江出版社，2022.5
ISBN 978-7-5492-8245-6

Ⅰ.①落… Ⅱ.①冯… Ⅲ.①历史人物—生平事迹—中国—古代
Ⅳ.①K820.2

中国版本图书馆CIP数据核字(2022)第043326号

本书经天津漫娱图书有限公司正式授权长江出版社，在中国大陆地区独家出版中文简体版本。未经书面同意，不得以任何形式转载和使用。

落花逢知己／冯潮 编著

出　　版	长江出版社
	（武汉市解放大道1863号　邮政编码：430010）
选题策划	杨宇峰　陈辉
市场发行	长江出版社发行部
网　　址	http://www.cjpress.com.cn
责任编辑	钟一丹
特约编辑	郭　昕　买嘉欣　王　琼
总 策 划	ZOO工作室
装帧设计	吴　彦　李梦君　周真名
插图绘制	杯杯面　兔　扣　君　钦　鱼　泡
	栋33栋　潜伏的中草药　阁上枝粥
印　　刷	深圳市精彩印联合印务有限公司
版　　次	2022年5月第1版
印　　次	2024年12月第13次印刷

开　本	710mm×1120mm　1／16
印　张	12.25
字　数	180千字
书　号	ISBN 978-7-5492-8245-6
定　价	45.00元

版权所有，翻版必究。如有质量问题，请联系本社退换。
电话：027-82926557(总编室)　027-82926806(市场营销部)